畅游宁夏 给心灵放个假

第二季
No.2

这里是宁夏 ②

Here is Ningxia

《这里是宁夏》编写组 编

中国旅游出版社

银川城市鸟瞰图

卷首语

这里是宁夏

ZHE LI SHI NING XIA

宁夏，这颗祖国西部的璀璨明珠，以其独特的魅力在历史的长河中熠熠生辉。自然与人文的和谐共生，赋予了这片土地无尽的生机与活力。古韵悠长的塞上人文与神奇瑰丽的江南风光在这里完美交融，得天独厚的资源优势，让宁夏既有“塞上江南”之美誉，又荣获“十大新天府”之盛名。

宁夏北倚贺兰山之雄奇，南靠六盘山之秀美，黄河如金色的丝带，穿境而过，将平原与丘陵巧妙地串联在一起。这里地处黄土高原、内蒙古高原、西北荒漠和青藏高原四大地理区域的交会地带，200毫米至400毫米的等降水量线平行地斜贯宁夏全境，6.64万平方千米的沃土孕育了丰富的物产和灿烂的文化。

宁夏，是“葡萄酒之乡”“枸杞之乡”“滩羊之乡”“高端奶之乡”，这些优质产品承载着千年的地域古韵，焕发出时代的灿烂风采，向世界呈现一个文化兴盛、山河壮美、物产富饶的新宁夏。

▶▶▶

为进一步唱响“塞上江南 神奇宁夏”文旅品牌，深入持久地展示宁夏各地的风物优品、特色文创产品和非物质文化遗产，我们精心编辑出版《这里是宁夏②》。全书呈现了热销全国市场的枸杞、葡萄酒、牛肉、滩羊肉、大米、小杂粮、冷凉蔬菜等宁夏优势特色产品；讲述了传承发展的老苗月饼、老毛手抓等宁夏老字号；展示了守正创新的贺兰砚、麻编、刺绣、陶艺、砖雕等非遗项目；展现了融入生活的枸杞口红、叶雕、扎染、编结等文创产品，将宁夏特有的优品“晒”到全国，让宁夏文旅的曝光量、美誉度进一步提升，也为优品带来了更多的客流和商机。

《这里是宁夏②》秉承“文旅+特色产业”融合发展理念，以更新的视角将好物优品、文创非遗等独特资源融入宁夏山水人文之中，进一步丰富了文化旅游的内涵。本书旨在向全国展示宁夏各市（县、区）的自然风光、民俗风情、风物优品、人文风韵，扩大“塞上江南 神奇宁夏”文旅品牌在全国的知名度和美誉度。同时，我们也为助力黄河流域生态保护和高质量发展先行区建设贡献文旅力量，让世界分享宁夏味道，让游客感知宁夏温度。

历史悠久的黄河文化、气势磅礴的大漠风光、浪漫神秘的宁静星空……这里是塞上江南，这里是中国旅游的微缩盆景，这里是星星的故乡，这里是神奇的宁夏！我们坚信，随着时间的推移，宁夏文化和旅游品牌一定会深入人心，吸引更多游客来宁夏给心灵放个假。

由于时间仓促，编者水平有限，书中难免有不足之处，敬请广大读者批评指正。

宁夏：祖国西部的一块宝地

NINGXIA ： ZUGUO XIBU DE YIKUAI BAODI

湖城银川 摄影 / 孙国才

宁夏，祖国西部的一块宝地，这里地貌多样、山河壮美，巍巍贺兰山绵亘西北，红色六盘山雄踞南陲，滔滔黄河水九曲迂回，山脉相连、平原广阔，沙水环绕、湿地遍布，南国风光与塞外奇景相伴，大漠落日与翠湖连天兼美，堪称“中国生态微缩盆景”。这里冬无严寒、夏无酷暑，四季分明、气候宜人，年平均气温8℃，空气优良天数320天以上，是西部独具特色的旅游目的地。

速读宁夏

SUDU NINGXIA

地理/位于中国西北部的黄河中上游，平均海拔在1000米左右。

地貌/类型多样，山脉、高原、平原、丘陵、河谷等，使宁夏呈现出丰富的自然景观。

经纬/地处东经104° 17’～107° 39’，北纬35° 14’～39° 23’。

历史/得黄河水灌溉而形成了悠久的黄河文明。早在4万年前就已有了人类生息的痕迹，居于“丝绸之路”的要道。

气候/属温带大陆性气候，空气优良天数320天以上，夏无酷暑，冬无严寒，年平均气温8℃，一年四季皆宜旅游。

面积/总面积6.64万平方千米，人口720多万，地势南高北低，东西窄南北长。

语言/官方语言为普通话，民间交流也讲本地方言。

区划/辖银川、石嘴山、吴忠、固原、中卫5个地级市，22个县（市、区），首府银川市是中国十大旅游休闲示范城市之一。

旅游/既有江南水乡的秀丽，又兼塞外大漠之雄浑，自然景观壮丽如画，人文历史悠久多彩，被誉为“中国旅游的微缩盆景”。

智游宁夏

扫码观看
宁夏文旅宣传视频

扫码阅读
《这里是宁夏②》电子版

湖城银川 **摄影 / 徐胜凯**

泾源凉殿峡

摄影／李光荣

不管是在六盘山上、贺兰山下、黄河两岸、长城沿线、沙海大漠等处仰望星空，还是体验“贺兰山下果园成，塞北江南旧有名”的风情，不管是体会“大漠孤烟直，长河落日圆”的雄浑，还是体会“天高云淡，望断南飞雁，不到长城非好汉”的豪迈，都会让你感受到心灵的震撼。

目录

第一章 银川市

第二章 石嘴山市

第三章 吴忠市

第四章 固原市

第五章 中卫市

后记

贺兰山

呵护富饶“塞上江南”

“沙枣子开花向天下，塞上江南好宁夏，东有黄河一条龙，西有贺兰山宝疙瘩。”千百年来，贺兰山以巍峨的身躯庇佑了“塞上江南”。贺兰山是宁夏西北方的屏障，虽然处于干旱气候带，但是1900米以上的海拔使其获得了湿润的气候条件，茂密的森林中蓄养着丰富的动植物资源，成为周围干旱荒漠中的一座绿洲，造就了宁夏平原丰饶的“新天府”。

六盘山

孕育富饶的宁夏物产

六盘山处于东部季风区的边沿，气候湿润，密林松涛使这里成为西北黄土高原上独具秀色的存在。六盘山既是关中平原的天然屏障，又是北方重要的分水岭，黄河水系的泾河、清水河、葫芦河均发源于此。好山好水好土地，孕育出富饶的物产，“中国冷凉蔬菜地”“西吉马铃薯之乡”“小杂粮”等特色农产品都出自这块好地方。

■ 摄影/刘宪忱

卫宁平原

金川 银川 米粮川

“宁夏川，两头尖，东靠黄河，西靠贺兰山；天下黄河富宁夏，塞上江南鱼米乡。年种年收，水浇田，金川，银川，米粮川。”黄河之水天上来，母亲河奔腾不息，在宁夏逶迤北上，孕育和滋养着美丽富饶的塞上江南。黄河自黑山峡进入宁夏后，河水就在宁夏平原上舒缓地流淌，展现出母亲河的温柔与慷慨，造就出物华天宝的“塞上江南”大美画卷。

第一章 银川市

塞上湖城　大美银川

雄浑贺兰，不息黄河，环抱和滋养着银川这颗绚丽耀眼的塞上明珠。丝绸之风情婀娜，西夏之神秘悲壮，大漠之苍茫粗犷，阡陌之盎然芬芳，两千多年的时光岁月，沉淀出银川平原的浑厚博大。

踏足自然，寻一隅心灵熟歇处。看山，看水，看风景。塞上江南，魅力银川，风光无限。

20亿年前，地质演变，雄浑的贺兰山在一片汪洋中拔地崛起，横亘南北，又有黄河水蜿蜒北上，银川这方沃土，便在一山一河之间生生不息。

灵武恐龙化石遗址，见证着1.6亿年前中生代侏罗纪“北半球第一龙——梁龙”种群曾经在这里繁衍昌盛。

水洞沟，4万年前的旧石器时代古人类文化遗址，“中国史前考古的发祥地”，一度“让世界重新认识了中华文明的源远流长”。

贺兰山岩画，“史前人类艺术画廊”，刻载着3000~10000年前远古先民在这里狩猎、祭祀、争战、娱舞等的场景，被誉为“石头上的史书”。

蒙恬在这里屯垦戍边，昭君经此地出塞和亲，唐太宗灵州会盟酬抚百王，岳武穆“怒发冲冠……驾长车，踏破贺兰山缺”，康熙大帝经横城古渡西征噶尔丹……

这里的历史悠远绵长，这里的故事雄浑跌宕。沧海桑田，变幻万千，岁月之笔从未停止过它的书写。黄河文化、长城文化、边塞文化、丝路文化在这里交融、激荡，沉淀出这方文化厚土。

银川城市夜景 摄影/徐胜凯

作为国家文化和旅游消费示范城市，银川市全力实施全业态深度融合发展行动，拓展文化旅游产业发展空间，推进文化和旅游融合发展，不断满足人民群众对高质量文化和旅游消费的需求。

一座城市的历史，铺垫起她的文化高度。文明的传承，赓续着她的精神和文脉。从远古走向未来，书写如诗画卷，吟诵万古长歌。

古韵新声，镌刻时代印记；技艺传承，演绎先民赞歌；千年遗存，因情怀而记忆如新。

这些不只是一种记忆，一个故事，而是融入我们血液的文化基因。这种基因，与当代生活相碰撞，演化出一件件产品、一门门技艺，在岁月流转中生生不息。

“贺兰山下果园成，塞北江南旧有名”“葡萄怜美酒，苜蓿趁田居”。神奇的北纬38°，独特的风土气候，成就了贺兰山东麓中国酿酒葡萄集中连片的最大产区，也是世界葡萄酒评选中的金牌赢家。这里的每一杯酒，都蕴藏着一段不同的岁月。品味这美酒，每一分滋味就是一道美丽的风景。

枸杞是宁夏的一张闪亮名片，在国际市场颇具美誉；长红枣，凭贡品之身远播万里；电视剧《星星的故乡》让宁夏红酒走向全国；一部电视剧《山海情》让闽宁镇家喻户晓，剧中展现的菌菇产业，享誉四方。

这里田园如画，享誉全国的贡米、独步西北的鱼虾，长红枣、张亮瓜、供港菜，让人唇齿留香，绽放出鱼米之乡的喜悦与自豪。

逛一逛夜晚的银川，体验这座城市的慢调生活，你会为它浓郁的烟火气深深着迷。在银川人的美食里，永远有让人惊喜的灵感。食物的美妙滑过舌尖，留下的只有一个反复冲击味蕾的惊艳。

银川人对生活的热情，超出你的想象。这里的变迁最感人，这里的物产最养人，这里的美食最暖人。

贺兰岿然，长河不息。亘古至今，苍天厚爱，得益于贺兰山的呵护、黄河的哺育，这里是聚银之地，幸福之川。

秦渠、汉渠、唐徕渠等一条条古灌渠，纵横交错，流淌数千年，依然滋润着美丽富饶的银川平原。

典农河纵贯南北，串联起星罗棋布的湖泊，河道蜿蜒曲折，带水簪花，如一环至美瓔珞。蜿蜒的湖岸线上，兰山、绿树、高楼、虹桥倒影婆娑，宛如海市蜃景，让塞上湖城的旖旎风光，惊艳世间。

这里千家万户安居乐业，时尚律动朝气蓬勃，总部聚集高楼林立，商圈遍地财富汇集，众多繁华的大型商业综合体，串联着银川的活力与激情，承载着城市的财富和时尚。

山水之间，不负遇见。欢迎朋友们前来银川，邂逅不一样的诗和远方。

银川市景区推荐

5A

- 镇北堡西部影城
- 水洞沟旅游区

4A

- 黄沙古渡原生态旅游区
- 黄河军事文化博览园
- 黄河横城旅游度假区
- 贺兰山国家森林公园
- 贺兰山岩画
- 西夏陵
- 宁夏张裕龙谕酒庄
- 鸣翠湖国家湿地公园
- 西夏风情园旅游景区
- 宁夏百瑞源枸杞博物馆
- 漫葡·看见贺兰沉浸式演艺小镇
- 志辉源石葡萄酒庄
- 天山海世界·黄河明珠文化旅游城
- 玉泉国际酒庄旅游景区
- 华夏河图·银川艺术小镇景区

3A

- 宁夏地质博物馆
- 阅海国家湿地公园
- 黄河外滩国家湿地公园
- 森淼生态旅游区
- 蒙牛乳业（银川）旅游景区
- 银川凤凰花溪谷生态旅游观光园
- 贺兰山·1958主题创意休闲区
- 宁夏农旅产业园
- 宁夏万杞园枸杞食品文化馆
- 宁夏灵武长流水生态旅游区
- 中粮长城天赋酒庄景区
- 宁夏灵武恐龙地质公园景区
- 宁夏稻渔空间生态观光园
- 滚钟口风景区
- 银川文化艺术博览中心
- 银川阅海湾中央商务区水上公园
- 利思酒庄
- 领新耘智·三维空间景区
- 沃尔丰酒庄
- 红玛瑙枸杞观光园
- 伊百盛羊胎素馆
- 沃福百瑞枸杞博物馆
- 闽宁新貌展示中心
- 宋澄湖旅游景区
- 银川文化城凤凰幻城
- 贺兰红酒庄

塞上江南·古城兴庆

古城兴庆，得益于大自然馈赠的厚礼，波光荡漾，城在湖中、湖在城中，造就了一方湿地胜境、康养之城。

银川玉皇阁

玉皇阁始建于明朝洪武年间，迄今已有600多年的历史，是一座具有民族风格的古代建筑，也是宁夏回族自治区的重点历史文物。

人们常说，熟悉的地方没有风景，但如果你仔细聆听过这座城市的声音，用心感受过这座城市的温度，你可以看见，万千种生活在这里上演。

“一个银川两座楼，一个公园两个猴，一个警察看两头。”这是过去大家对银川的调侃，也是对兴庆区的印象。时光变幻，旧貌换新颜，兴庆早已换了面貌。

兴庆区位于银川市东部，是首府银川市的核心区，自治区科技、文化、教育、经济、金融和商贸物流中心。如今，车水马龙的新华商圈，再现着昔日商贸重地的繁华；高楼大厦间，古建筑掩映其中，古老与现代的和谐相融，让这座城市散发出独特的魅力；新兴文化的遍地开花，为古城注入了新的生命力。

爱上兴庆区的理由有很多：鼓楼的厚重，玉皇阁的沧桑，爷爷奶奶家的老街巷有童年的回忆，清晨街边的一碗老字号羊杂碎，晚上敬德街三五好友一起撸串……

人们习惯把建筑称为世界的编年史，建筑就是用石头铸就的史诗，它见证着人文气韵，有着触动人心的温度，也见证着文明与文化的延伸。

银川作为国家历史文化名城，其悠久的历史、多元的文化让这座塞上古城更具魅力。鼓楼是兴庆最厚重的历史记忆，中共宁夏第一个党组织——“中共宁夏特别支部”在这里成立，革命的火种从此在宁夏生根发芽。与鼓楼相望的玉皇阁，作为中山日报社旧址，红色基因在这里代代相传。坐落在老城西南的承天寺塔，是宁夏现存的一百多座古塔中最高的一座砖塔。承天寺塔曾经引来许多文人墨客为其填词做赋，“层楼飘渺灵光护，宝塔峥嵘霞气浮”。

兴庆区依托“鼓楼-玉皇阁”历史文化街区，打造集购物餐饮、夜游休闲、文化娱乐等为一体的城市休闲集聚区。同时深入挖掘“老街巷”的历史文化和非遗资源，提升敬德街夜市、鼓楼夜市等特色街区服务品质，新打造唐徕老街坊等特色街区。

古城老建筑，承载着人们的精神记忆，而美食老字号，则是人们的味蕾记忆。坐落于解放西街的迎宾楼，创始于1982年。一块冰糕，一杯酸梅汤，是无数银川人的童年回忆。“一块招牌就是一段传奇”，另一家极具风格的老字号餐饮品牌德隆楼，创始于1986年，如今依然是很多人来到宁夏吃涮肉的第一站。

仙鹤楼则是宁夏餐饮的对外名片。20世纪80年代从街边起家的小馆子，经过多年经营，现在已然成为众多食客纷至沓来的餐饮名店。数十年如一日保持初味不变，也成为异乡游子常常念想的那一口乡情。

德隆楼涮羊肉

德隆楼的精品涮羊肉，久负盛名。为了确保羊肉品质，德隆楼从源头抓起，在贺兰山下建立了养殖基地，羊只由无污染绿色草料喂养，肉质鲜嫩，营养丰富，无膻味，与涮羊肉匹配的酱料也是自主研发的独家配方。

仙鹤水饺制作技艺

仙鹤水饺制作技艺传承至今已是第四代，连续策划举办九届“大宴凤城——宁夏仙鹤楼饺子文化节”大型公益活动。每一个仙鹤水饺，在大小、重量上基本相同，经过纯手工剁馅，融入秘制20余种调料精心调配，味道鲜美。

银川兴庆区

银川兴庆区，承载着厚重的历史文化。古老的建筑见证岁月变迁，诉说着往昔的故事。街头巷尾弥漫着烟火气，热闹的集市人来人往，美食香气四溢。晨钟暮鼓间，传统与现代交织，这里既有历史的沉淀，又充满生活的热情，让人陶醉其中，流连忘返。

华彪面馆

以一碗筋道的“孜然炒面”享誉银川，是宁夏著名的老字号面馆，承载了银川人儿时的记忆。

老毛手抓

出自手抓世家的老毛手抓羊肉，在选羊、煮肉、切肉上有传统讲究，成品具有鲜、嫩、香三大特色，油而不腻、香醇可口、不膻不腥。手抓羊肉、手抓羊脖子、羊肉汤是有益于身心健康的三大绿色补品。

羊尕子烧烤 摄影/李光荣

当夜幕降临，阅彩城的霓虹灯开始闪烁，为这座城市增添了一抹绚丽的色彩。而银川著名的羊尕子烧烤，更是在这迷人的夜色中散发着诱人的香气。作为银川美食地图上的必打卡点，它以独特的风味、热情的服务，吸引着络绎不绝的食客，这里是美食的天堂，是满足味蕾的绝佳之所。

麻编

宁夏的麻编作品古朴大气、气韵独特，传承人将传统麻编与现代艺术巧妙结合，开发出百余种富有宁夏特色的文创产品，深受市场欢迎。那些温暖的岁月，通过一缕一缕的麻编结成一片片表面凹凸、错落起伏的心情风景。

老毛手抓走过130多年，成为这座城的一个符号。兴庆区老毛手抓鼓楼店荣获“宁夏老字号”荣誉认证。老毛手抓誉满全国，有着“天下第一抓”的美誉。老毛手抓团队用古法，压榨出新的滋味，像令人惊喜的老朋友，带着流年芬芳，与消费者相遇。老毛手抓被认定为“中华名小吃”“中华餐饮名店”“中国金牌旅游小吃”“宁夏餐饮名店”。

时间赋予了兴庆渊源深厚的历史人文，从古城街巷到黄河两岸，又是另外一番景象。黄河穿兴庆而过，滋养着兴庆两岸人民。在湿地、湖泊、田园为一体的大自然景观中，观古荡芦苇，游田间牧野，赏黄河落日。各具特色的农业产业园、田园综合体、农业公园，为兴庆区的乡村旅游注入了全新的活力。

黄河水滋润下的月牙湖乡，有着另一个特殊的身份　　银川市最大的移民安置区。在这里，传统非遗麻编，正在改变着人们的生活。非遗麻编把传统麻编与现代艺术巧妙结合，开发出百余种富有宁夏特色的文创产品，深受市场欢迎。一根根麻绳，编织着乡村的好光景，更通过指尖的温度，向人们传递出自强不息、自力更生的生活信念。

暮色降临，兴庆的夜生活拉开了帷幕。夜晚是城市最放松的时刻，人们呼朋引伴，卸下一身疲惫，坐在街边享受着美食，体会着兴庆的闲适和惬意。夜经济唤醒了城市的烟火气，也点亮了城市新的活力。

母亲河在这里蜿蜒流淌，古城千年的韵味在这里沉淀，富饶的塞上沃土孕育出独特的乡村文化。从城楼古塔的沧桑斑驳到街头巷尾的人间烟火，我们感受到了兴庆厚重的过往，也看到了兴庆如今的诗意、包容与热烈，记录下的每一幅画面都是对生活的热爱。

兴庆如画，诚邀天下。

遇见金凤·遇见幸福

银川市金凤区，是一座年轻现代的城区。自建区伊始，仅仅19年的时间，已发展成为宁夏最具活力、最具潜力的高质量发展核心城区。她是“商业之都”，六大商圈引领休闲娱乐消费潮流。她是“绿色之城”，河湖之间，生态资源禀赋独具特色。她是“休闲胜地”，自然之美与人文气息在这里完美交融。这就是金凤区，时尚休闲之都，生活品质之城。

银川悠阅城　摄影/李光荣

银川悠阅城，是商文旅融合的典范。这里不仅是人气商圈，时尚品牌琳琅满目，还有丰富的主题文旅主题活动。特色美食街区香气四溢，满足食客味蕾。人们既能享受购物的乐趣，又能沉浸于文化的熏陶，实现了商业、文化与旅游的完美融合。

守正出新，蓬勃有朝气；开放多元，滋养灵感、机会和梦想；银川金凤，正敞开胸怀，拥抱世界！

金凤区是银川市城市发展规划的行政中心、文化中心、商贸中心、高科技产业园集聚区、宜佳环境居住区和塞上湖城自然景观区。阅海湾，一个在主城中安然生长的生态度假区，在自然景观与人文气质的交相辉映中，已成为一处流光溢彩的心灵栖息地。远观水天一色，碧波万顷；近享万亩花海，生态田园。踏足这里的那一刻，诗和远方，触手可得。

阅海湾国际休闲旅游度假区串联食、住、行、游、娱、购等旅游六要素，已成为银川最具活力的都市旅游目的地。绿地国际交流中心、喜来登酒店、凯悦嘉轩酒店等高端度假酒店与众多特色民宿可满足不同人群的度假住宿需求。建发阅彩城文旅商业综合体各类首店潮牌集聚，功能主题划分清晰合理，是一站式休闲购物的绝佳场所。阅海湾滑雪场与水上公园突破季节限制，大力发展各类雪地、冰上运动，弥补了银川冬季旅游的短板。

时光，浓淡相宜；岁月，安然静好。你的幸福，不在他人眼中，而在自己内心。出则繁华，入则宁静。阅海湖畔的诗意栖居，演绎城市里的世外桃源。

在冬春交接之际，有一种原本只在高原潮湿阔叶林中出现的顶级食材，却在金凤区良田镇的大棚里悄然生长。

羊肚菌的香味非常突出，带着一种十足的野性。《舌尖上的中国》曾有这样的描述：在高端食材料理中，如果松露被称作菌菇之王，那后冠非羊肚菌莫属。在炖肉、炖菜时，只要加入几只羊肚菌，瞬间就能让菜肴大放异彩。

精耕细作的产业发展理念，让这里产出的羊肚菌衍生出十数种特色产品，远销周边省市，极大地丰富了人们的味蕾。

在这片土地上，还有另一种远近驰名的物产——良田沙地瓜果。这里温棚所产的各类果蔬层出不穷。吊瓜甜润、草莓鲜美、樱桃诱人。偶得空闲，携朋引伴，摘一些时令水果，尝几道农家小菜，越是在水泥森林里久居，越向往回归农耕生活，如何顺应自然、传统，在这里，或许可以找到更多的生态样本。

目前，良田镇已建有植物园村“草莓小镇”、泾龙村“百果园”、金星村现代农业科技扶贫产业园、园子村现代农业综合示范园、玛莎农场小镇等农业综合示范产业园区，着力发展集休闲采摘、乡村特色餐饮、野外烧烤、垂钓等为一体的乡村休闲旅游产业。

丰登镇润丰村主要建设集特色种植、休闲观光、果蔬采摘、田园居住等功能于一体的润丰·利思田园蜜语生态产业园。以蟠桃、葡萄、红梅杏等“名优新特”林果和蔬菜种植为主的特色农产品种植区；以科普教育、立体化栽培等功能为主的特色农产品展示区；以垂钓、露营、特色民宿等功能为主的休闲观光娱乐区，可全方位满足休闲观光、餐饮娱乐、趣味运动、果蔬采摘、研学教育等需求。

良田镇羊肚菌

良田镇羊肚菌产业从最开始的试种5棚，发展到59棚规模种植，从亩产100千克到最高亩产500千克，从最初吸纳十几人就业到累计解决400余人就业、人均增收2万多元，一步步成为当地的优品。

良田镇吊瓜

良田镇将西瓜一改以往趴地种植的“传统”，让西瓜在空中生长结果。这样的种植方式，既避免西瓜和地面接触生病，还提高了土地利用率，保证了通风透光，而且西瓜的品质也得到了提高，吊蔓种植技术成了瓜农致富的新途径。

国家级非物质文化遗产代表性项目：剪纸

一把剪刀、一张纸，这手艺看起来简单，其实大有学问，讲究心手合一、眼到手到、万剪不断。剪纸作品中，黄河水车、大漠孤烟、黄土窑洞、西部影城、六盘山……这些宁夏元素符号，不用描样子，一把剪刀一气呵成。

全国乡村旅游重点村润丰村 摄影/李光荣

银川润丰村，宛如一颗璀璨的乡村明珠。这里景色宜人，田园风光美不胜收。特色民宿错落有致，农耕体验趣味十足。游客们在此尽享乡村旅游的宁静与欢乐，在田间采摘新鲜果蔬，品尝地道农家美食。润丰村以其独特魅力，成为人们逃离喧嚣、亲近自然的理想之地。

金凤区多元审美和极为包容的特性，培育出了异常丰富、越发多元的商业消费新景象。以六大商圈为引领的旅游休闲模式，主打购物、美食、亲子、娱乐、休闲。更有各式精彩活动，让人从早到晚嗨不停。“遛娃胜地”“深夜食堂”“人气聚集地”“网红打卡地”，一个又一个时尚标签，已成为金凤日常美好生活的一部分。

连续成功举办五届的“金凤飞舞·城市乐活会”围绕“乐动”“乐购”“乐活”“乐游”主题，实现六大商圈联动发力，突出体验消费、倡导健康的生活方式，实现“周周有活动、店店有特色”的商业消费景象，激起居民购物消费的热情，掀起“全域乐购”新热潮。

华灯初放，夜色阑珊。金凤开启另一种活力。当你卸下一天的繁忙与疲惫，最想做的是什么？漫步、闲逛、聚会、购物，还是看繁华夜景、品荟萃美食，夜晚的金凤可以包容你所有的这些期许。宵夜、烧烤、啤酒、火锅，挑动人们的万千味蕾；文创、演出、灯光秀，解锁夜金凤的全新玩法。众多商业综合体和宁夏老字号，以不同的维度，演绎着金凤的传统和时尚。

典农河畔、阅海湖边，遇见金凤，遇见幸福！

红满堂炝锅鱼

红满堂炝锅鱼，三分辣、七分香，十分鲜美。红满堂炝锅鱼是银川人共同保有的美味记忆，至今共计出售120余万锅，荣获中华名火锅、中华餐饮名店、银川好味道美食节第一名等诸多荣誉。

茶的八宝茶，自制的玫瑰酱是其点睛之笔。一大包八宝茶放养生壶里能一家人一起喝，细细品味宁夏优品的滋味。

马艺馨八宝茶

马艺馨八宝茶由茶叶、红枣、枸杞、核桃仁、桂圆、芝麻等配制而成，分红茶、绿茶、普洱茶、茉莉花茶的八宝茶，自制的玫瑰酱是其点睛之笔。一大包八宝茶放养生壶里能一家人一起喝，细细品味宁夏优品的滋味。

宁夏博物馆文创 凤来也冰箱贴套装

宁夏博物馆文创 铜牛徽章

宁夏博物馆文创

宁夏博物馆立足自身馆藏文物，以宁夏地域特色文化为基础，成立文创产品设计研发团队，将年轻时尚元素注入文创产品中，目前共开发文创产品15个系列、64个种类，近千款产品。

宁夏博物馆文创 剔刻花冰箱贴

贺兰山下·醉美西夏

银川市西夏区地处宁夏西线旅游核心区，是首批国家全域旅游示范区，连续三年获评“中国最美县域”称号。

西夏区宁阳广场

银月微露，华灯初上;春风浩浩，情思荡荡。银川人的夜生活，就从怀远观光夜市开始了。

▶▶▶

贺兰山下的这片土地传承着来自远古的呼唤，岁月将它酿成一杯美酒，缔造了贺兰山东麓葡萄酒产业的奇迹。

清晨，葡萄园和贺兰山　同醒来。春华秋实，是人们对季节最好的期待，在这片土地上，用祖祖辈辈的方式耕耘、劳作，用坚韧如藤的品质向这片土地致敬。曾经的洪积扇区经过双手的筛滤和岁月的风化，成就了紫色的梦想。

一座座拔地而起的酒庄，庇佑着戈壁上的绿色传奇。欧式的城堡、中国传统园林和现代建筑的杰作，别具一格的形制，亦如赶赴一场宴会，交织在醇香绵柔的葡萄酒长廊下。

来西夏区进行酒庄游，不光能欣赏到建筑风格各异的酒庄，还能品尝到不同风味的葡萄美酒。有时间的话可以参与采摘，品尝美食，畅饮美酒。在这个过程中享受葡萄酒的文化，可以放松身心。

从迦南美地的小马驹在国际葡萄酒大赛上艳惊四座，到龙谕作为“酒王”被张裕推向40多个国家；从香格里拉夏宫的酒水单，到全球米其林三星餐厅的餐桌；从入驻高端度假村，到登上航空头等舱……世界，都在惊叹着来自贺兰山东麓的味道!

西夏区发展葡萄酒产业有着得天独厚的生态优势，是宁夏最早集中发展精品酒庄的产区。可以说，正是贺兰山独特的地理气候和风土，造就了西夏区葡萄酒别具一格的品种优势、口感优势、风味优势。目前西夏区葡萄种植面积达到24.53平方千米，已经建成特色酒庄28座，年产葡萄酒1900万瓶。其中，列级酒庄16座，占宁夏列级酒庄总数的34%。先后荣获国际国内葡萄酒大赛奖项200多项，产业综合产值达到30亿元，成为全区一二三产业融合发展示范产业和脱贫富民的支柱产业。

怀远夜市牛肉饼

怀远夜市牛肉饼也称“千层牛肉饼”，已经有1200多年的历史。唐代此饼曾为宫廷御点，传说安史之乱时，宫中御厨们流落到民间，在长安城内出售牛肉饼，大有名气。眼下，这是怀远夜市广受消费者欢迎的美食之一。

上图 怀远夜市辣条

怀远夜市辣条又叫大面筋、素牛筋等，是以小麦粉或其他谷物、豆类为主要原料做成的一种零食，广受消费者的喜爱，同时也是怀远夜市最具情怀的美食之一。

下图 怀远夜市烤鸡蛋

16年秉承匠心精神，选用新疆的孜然、四川的辣椒、本地的胡麻油，加以芝麻、茴香调配。烤鸡蛋成品色泽金黄诱人、口感柔中带脆，久嚼不腻、越嚼越香，是一款秘制醇香、回味悠长的舌尖臻享。

银川怀远夜市 摄影 / 李兴保

标准化的葡萄种植园和各具特色的葡萄酒庄建设理念、发展格局，酿造出贺兰山东麓独具特色的葡萄酒文化，吸引着众多的游客和居民前来观赏体验，让葡萄酒庄休闲度假旅游成为西夏区旅游的又一张名片。

银月微露，华灯初上；春风浩浩，情思荡荡。银川人的夜生活，就从怀远观光夜市开始了。怀远观光夜市，可以说是宁夏乃至西北地区夜市的典型代表，也成为宁夏700万人民团结一心奋力打造黄河流域生态保护和高质量发展先行区的一个生动缩影和实践典范。

怀远观光夜市至今已走过了二十载春秋，已从当初的各商户家庭作坊式经营，单打独斗，恶性竞争，发展到现在的全产业链闭环管理，向价值链高端转移，成为文化和旅游业态集聚度高、夜间消费市场活跃的聚集区；从刚开始的昏暗烟火的地摊，发展成为全国颇具知名度的品牌夜市，华丽蝶变为“城市地标”“吃货天堂”“网红打卡地”！

一杯酒，微醺之下，穿越了苍茫；一箪食，酣畅之后，化解了寂寥。街头的烟火，唤起了无数人的校园记忆，也挑动着味蕾深处的悸动。

一杯平吉堡酸奶，融化了长久以来的思念；一口怀远牛肉饼，是秉烛夜读后最好的犒劳；一把羊肉串，勾起了记忆深处的乡愁……也许只有身处怀远夜市，听着车水马龙和小贩吆喝，吃上一串烤鸡蛋，啃上一只羊蹄，咬上一口辣条……才不会让每一个期待中的味蕾被辜负。

平吉堡老酸奶

平吉堡老酸奶使用优质益生菌种及健康纯鲜牛奶，24小时恒温发酵凝固，奶香纯正、酸甜适中、入口爽滑，富含多种益生菌，畅销40年。

摄影/刘海栋　《看见贺兰》以演艺体验为核心，以沉浸演艺唤醒贺兰文化，以烟火街区讲述宁夏故事。18部沉浸式大剧、240分钟夜游大戏，让游客获得集看沉浸演艺、吃西北美食、逛非遗街区、游艺术小店等多种内容于一体的文旅新体验，在贺兰山下的星空里，一站式感受神奇宁夏。

灵芝孢子粉

灵芝被称为“人间仙草”，而灵芝身上的精华，首先当数孢子粉，其呈红棕色粉末状，包含的灵芝酸成分具有强烈的药理活性。宁夏科衡农业科技发展有限公司在西夏区同阳新村建立基地，生产加工科衡灵芝孢子粉，还有灵芝菌粉、灵芝切片等具有养生价值的衍生产品。

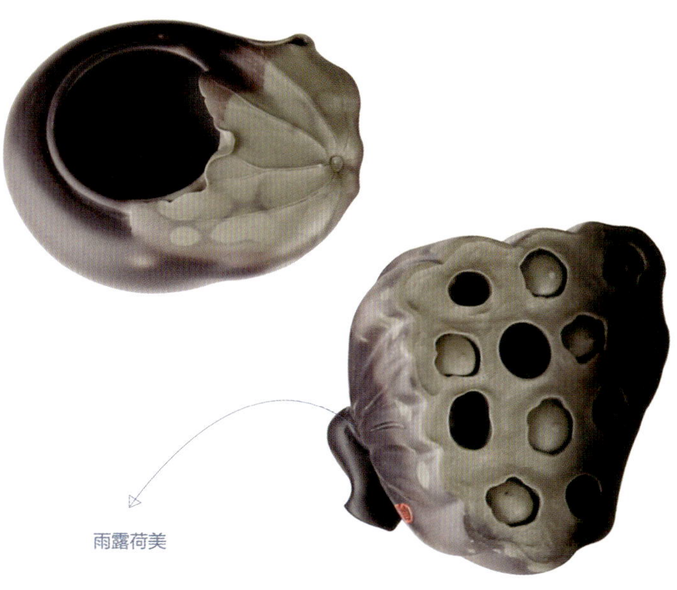
雨露荷美

贺兰砚制作技艺

宁夏贺兰砚制作技艺被列为“国家级非物质文化遗产代表性项目名录”。非遗传承人用一把刻刀让每一方砚台独具神韵。大小迥异、各具形态的饰件、器皿等贺兰砚衍生品，形成了宁夏独有的文化气质。

砚自古以来便与笔、墨、纸并称为文房四宝，是中国书法的必备用具。贺兰砚则是以贺兰石为原石制作而成的砚台，其雕刻技艺在宁夏已有300年的历史，西夏区被命名为“中国贺兰砚之乡”。 贺兰砚制作技艺是中国传统手工技艺。贺兰石呈天然褐紫、豆绿两色相互掩映之态，对比十分强烈，还常伴有玉带、云纹、眉子、银线、石眼、绿豆点等不可多得的天然特色陪衬。用贺兰石雕刻成的一方砚台或摆件，通过雕刻艺术家巧妙的构思、制作，会成为一幅非常俏丽独特的中国传统手工艺术品。凡到过宁夏的人莫不以能得到一方贺兰砚或贺兰石雕艺术品为乐事。

这片土地，深情、厚重、广博;这片土地，宜居、宜业、宜游。这就是西夏区，一座初心与梦想根深叶茂的城市。

相约贺兰山下，给心灵放个假。每一位客人都如同传播的使者，将西夏区的美好化为祝福，带向远方。

叶雕

叶雕是借助叶子的形状、纹理、筋脉，利用叶子纵横交织的脉络在树叶上描摹出各种式样的图案。一片片叶子，经过清洗、蒸煮、上色、雕刻等一系列打磨，变成了一幅幅风景、一个个故事，呈现着大千世界各种事物的美态。

扎染

扎染是传统手工染色技术之一，扎染的美也是独一无二的。扎染工艺分为扎结和染色两部分，通过纱、线、绳等工具，对织物进行扎、缝、缚、缀、夹等多种形式组合后进行染色。

贺兰东麓葡萄园 摄影/徐胜凯

标准化的葡萄种植园和各具特色的葡萄酒庄建设理念、发展格局，酿造出贺兰山东麓独具特色的葡萄酒文化，吸引着众多的游客前来观赏体验，让葡萄酒庄休闲度假旅游成为西夏区旅游的又一张名片。

张裕龙谕酒庄

张裕龙谕酒庄是融葡萄种植、高端酒庄酒酿造、葡萄酒文化旅游以及葡萄酒主题餐饮品鉴于一体的综合性葡萄酒庄园，集旅游、葡萄酒赏鉴、葡萄酒窖藏、葡萄酒文化宣传、会务接待等功能于一身。品鉴中心面积达5000余平方米，主要经营业务是葡萄酒主题餐饮、高端商务、政务休闲等。

贺兰红干红葡萄酒

西鸽酒庄的贺兰红干红葡萄酒，是宁夏产区战略化大单品，是体现宁夏风土及精品酒庄酒模式的代表。该酒甄选产区内优质赤霞珠葡萄，采用传统工艺酿造，香气馥郁，口感温润甜美，是一款具有东方之美的葡萄酒。

西夏王干红葡萄酒

玉泉国际酒庄北面傍湖，四面葡萄园环绕，自然风景秀丽，空气清新怡人，地理位置得天独厚。酒庄是集葡萄种植、葡萄酒生产加工、葡萄采摘、世界葡萄酒文化展览、葡萄酒品鉴、个性化葡萄酒定制、中西餐饮、住宿、会议培训、商务接待、观光旅游和休闲度假等功能于一体的中式酒庄之一。

山之魂赤霞珠干红葡萄酒

志辉源石酒庄，国家文化产业示范基地，位于“贺兰山东麓葡萄酒原产地域”的核心区域——银川市西夏区镇北堡镇昊苑村。

立兰酒庄览翠红酒

立兰酒庄的主要产品包括览翠赤霞珠干红葡萄酒、览翠黑皮诺干红葡萄酒、览翠霞多丽干白葡萄酒。获得2014年中国优质葡萄酒挑战赛金奖的赤霞珠干红葡萄酒，酒液呈宝石红色，散发着枸杞的甜美香气，缀以水果芳香，并伴有些许香草的气息，其口感柔和、质感顺滑。

贺东庄园葡萄酒

贺东庄园是地处最适宜种植酿酒葡萄的北纬38° 黄金线上的庄园，是独具特色的葡萄酒文化博览园，还是宁夏葡萄品种最丰富的庄园之一，种植赤霞珠、品丽珠、西拉、美乐、黑比诺、霞多丽、蛇龙珠等多种酿酒葡萄品种。连续数年获比利时布鲁塞尔国际葡萄酒大赛、法国国际葡萄酒大奖赛等国际权威赛事最高分3项、大金奖13枚，金奖100多项。

贺兰，不止于山

山的巍峨铸就了豪迈风情，河的宽厚孕育了沃野千里。山水汇聚，风韵千年，雄浑与秀美相互交融，古韵与今曲交相唱响，时光雕刻了贺兰的山石，也雕刻出贺兰的历史，成就了贺兰厚重的历史基因和独特的创新精神。

拜寺口双塔 摄影/徐胜凯

贺兰县旅游资源丰富，历史积淀深厚，文化源远流长，着力打造以贺兰山岩画、拜寺口双塔为代表的历史遗迹游。

贺兰县东临黄河，西倚贺兰山，南靠自治区首府银川，是沿黄城市带的核心区之一。九曲黄河，奔腾向前，孕育了贺兰县的千里沃野，黄河是历史的脉络，是文化的脉络，更是城市发展的脉络。贺兰山和黄河构成了天然的坐标，护佑着这方水土生生不息，绵绵不绝。

如果说，陶渊明笔下的田园生活是“采菊东篱下，悠然见南山”，那么，对银川人来说，天气好的时候就是“悠然见贺兰”。如今的贺兰县，经过岁月洗礼，出落得越发璀璨夺目。沧海桑田，时代变迁，变的是基础设施更加完善，不变的是丰厚的文化底蕴依旧绵醇深厚。

贺兰县旅游资源丰富，历史积淀深厚，文化源远流长，正在着力打造以贺兰山岩画、拜寺口双塔为代表的历史遗迹游；以贺兰山1958、文创基地为代表的现代创意产业文化游；以贺兰山国家森林公园等为代表的自然风光游；以稻渔空间为代表的休闲观光游；以“六六夜市”为代表的夜间游；以百瑞源为代表的工业游；以3D打印为代表的研学游，形成“县景合一、全域推进”为重点的“一核一带两极六组团”全域化发展新格局。

巍峨的贺兰山脚下，农夫在水渠中撒网捕鱼，稻田间鸭群嬉戏、鱼儿翻腾，一幅“塞上江南，鱼跃稻香”的田园画面缓缓展开，这就是贺兰县的“稻渔空间”。远眺，有大幅的稻田画卷，近观，农田边还有虾蟹成群，这里稻渔综合的种养模式被广泛借鉴，体现了以稻养鱼，以鱼促稻，粮渔双赢的目标，提升稻米品质，促成了驰名中外的贺兰大米。

稻渔空间乡村生态观光园里，稻田不再仅仅只是稻田，而是稻和渔的结合，呈现的是一幅“流连物华丰宝，邂逅旖旎风光”的恬淡画卷。而且，吸引周边市民和游客到园区体验农耕、作物收获、垂钓等活动，尽享“塞上江南，鱼米之乡”的魅力。

广银大米

广银大米是稻田养蟹、养鱼、养鸭等立体生态农业种植水稻加工生产的绿色、有机食品。稻蟹、稻鸭、稻鱼等共生共养，形成良好的生态循环系统，水稻生长周期长，生产的大米晶莹剔透，颗粒饱满，营养价值高，口感软糯醇香。

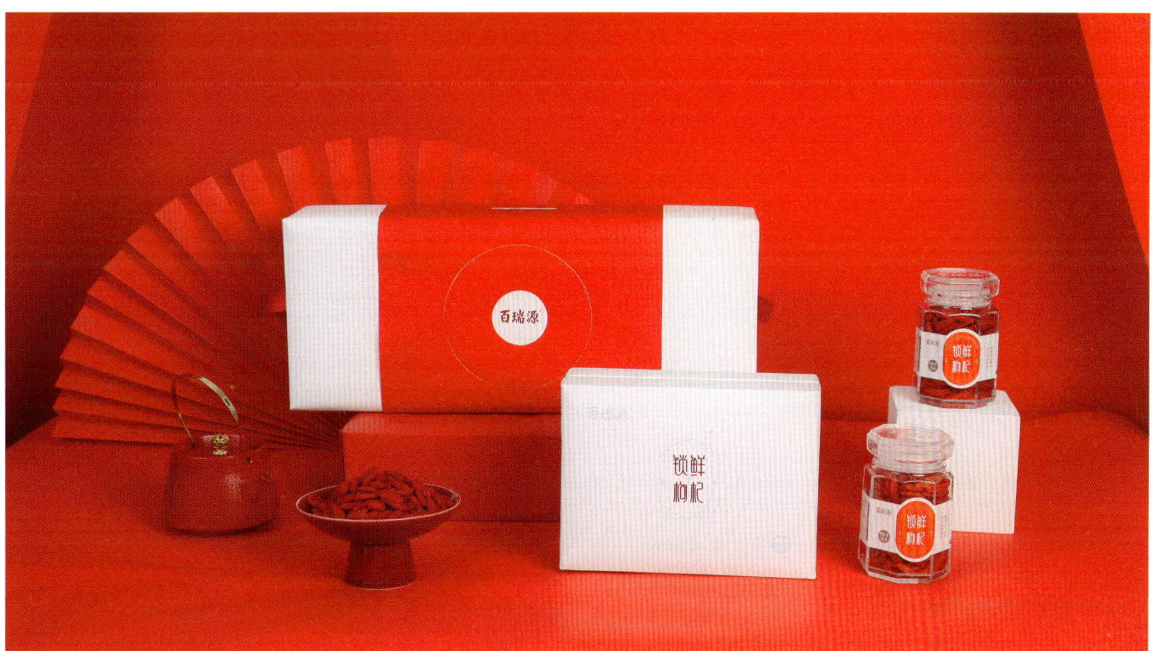

上图　宁夏百瑞源枸杞博物馆

宁夏百瑞源枸杞博物馆以博大精深的黄河文化和中医养生文化为底蕴，以枸杞文化为主题，智慧性地挖掘五千年枸杞养生文化瑰宝，创建了文旅融合的枸杞旅游新模式。

下图　百瑞源“锁鲜枸杞”

百瑞源“锁鲜枸杞”，实现了“色泽鲜、口感鲜、营养鲜”的特性。百瑞源“锁鲜枸杞”的问世，标志着百瑞源引领中国枸杞行业进入“更新技术、更高品质”新时代。

金河酸奶

宁夏塞尚金河公司是一家20余年深耕乳制品的深加工企业，其酸奶产品承载一代代宁夏人的儿时回忆，不断迭代推出的高蛋白低脂低糖的高端希腊酸奶更是收获了一批年轻消费者的喜爱。

留客贺兰，寻味自然。来贺兰，一定要尝金山羊肉。得天独厚的自然条件和地理环境，使这里的羊肉具有肉质紧实、无膻腥味、脂肪少等特点，经贺兰山泉水煮制而成的金山羊肉，肉鲜汤醇，香气沁人心脾。

沙枣树是贺兰大地生命力极强的树种，每年五月端午节前后，米黄色的小花散发出的清香，使人沉醉，宁夏人就给它起了个好听的别名叫“夏桂”。每到收获季节，把沙枣打下来，去掉枣核，磨成面，和白面和在一起，烙饼食用，味道鲜美。沙枣果实磨成粉还可制果酱、熬糖、制酱油、酿醋，特别是酿酒，酒味醇香，誉称“夏桂酒”。沙枣花香味浓郁，可提炼沙枣浸膏，可制食品添加剂和化妆品香料。

独特的自然环境使贺兰葡萄酒的生产有了得天独厚的条件，这里的人们恪守着工匠精神，出产的葡萄酒风味独特，品质优良。灵秀之地滋养了贺兰的韵味与格调，蔬菜主产区星罗棋布，带着特有的贺兰风味，也带着庄稼人的情谊发往地北天南。

立岗沙枣

银川立岗沙枣是宁夏著名的枣类水果，用沙枣树花酿出的枣花蜜，也是上好的蜂蜜，色正味纯，具有止咳平喘、抗老防衰等药用功能。

人间烟火总是升腾于热闹的集市之中，卸下一天工作的疲惫，穿行在集市中，别有一番轻松愉悦。六六大集夜市是贺兰县首个品牌化夜市，是集夜市、农贸市场、地摊于一体的商业综合体，业态丰富且品种多样，不仅融合了本地特色小吃及当地文化、民间艺术。六六大集夜市倡导人们回归生活本源，在四季变化中体味人间烟火!

贺兰人始终坚持“绿色、高端、休闲、健康”的理念，“工业兴县、农业富县、环境立县”，这里正在打造全国特色食品聚集区。

贺兰县会在记忆的光阴里逐渐丰盈，在时间的更迭中凝聚出腾飞的力量，数千年的文明绵延不断，照耀出璀璨的前行之路。

贺兰生态鱼 摄影/王爱梅

贺兰县湿地，湖泊众多，具有渔业养殖的优势条件。当地通过改良养殖品种、更新养殖技术、创新养殖模式，发展光伏养鱼、鱼菜共生、稻田养鱼养蟹等低碳、绿色、生态渔业模式结合水体循环生态系统，已经成为当地渔业发展的典范。

金山羊肉

金山的清炖羊肉有名，是因为金山乡位于贺兰山下，水质好，草料好，再加上当地人的古法烹制，最大限度地保留了金山羊独有的鲜香。先将整个羯羊肉砍成四件，投入冷水锅中，用小火煮开，撇掉沫子，放入小袋装好的调料，煮熟加入配菜，盛上满满的一碗，让人回味无穷。

泥塑 摄影/李光荣

王氏泥塑大多以现实农村生活为题材，把原始浪漫精神与写实主义融为一体。作品以新颖的构思、完美的艺术造型来刻画不同的形象，具有浓厚的生活气息，自然淳朴，表现出粗犷简洁的艺术风格。

宁夏古陶瓷烧制技艺（五奎陶瓷烧制技艺）

李五奎出生于陶瓷制作技艺世家，祖上四代都是制陶名师。他的作品涉及彩陶系列、灰陶系列、红陶系列、黑陶系列、绞胎系列。近年来，李五奎创新研发了多款陶瓷旅游文创产品，丰富了陶瓷产品种类。

大爱之地·和美永宁

永宁县是宁夏首府银川市的南大门，地处银川平原引黄灌区中部，西倚贺兰山，东临黄河水，先后获得全国县级文明城市提名城市、国家园林县城、全国现代农业示范区、全国首批生态文明先行示范区等一批“国字号”荣誉。

闽宁镇贺兰红酒庄

美酒佳酿，七分靠种三分靠酿，闽宁镇的葡萄酒，凭借得天独厚的优势，屡屡在国内外获得大奖。

这里有“官桥柳色、汉渠春涨”的美景，土地肥沃，稻米飘香，四季鲜果、鱼米之乡曾是她最美的名片。如今，跨越山海的闽宁合作，用二十多年的精耕细作，又孕育出新的传奇!

广袤的沙地和黄河水的亲密接触，给予了葡萄生长所需的底气，勤劳的双手和充分的光照在葡萄的身上相遇，葡萄酒应运而生。这里诞生了宁夏第一个酒窖，酿造了宁夏第一瓶红酒，捧回了宁夏第一个国际葡萄酒金奖。在霞光里漫步贺兰山下，风格迥异的酒庄星罗棋布，葡萄的深情和人民的笑脸在杯中荡漾。

贺兰山东麓的闽宁镇拥有酿酒葡萄生长所需求的全部优质条件，纬度好、日照时间长、降水量小、昼夜温差大、沙土通透性好且富含矿物质。美酒佳酿，七分靠种三分靠酿，闽宁镇的葡萄酒，凭借得天独厚的优势，屡屡在国内外获得大奖。

“稻田有蟹爬，沟渠鱼鸭欢。”永宁县被誉为“中国西部四季鲜果之乡”，这里盛产小麦、水稻、果品、蔬菜，是全国著名的农作物高产区和500个商品粮基地县之一。永宁县现代农业已粗具规模，形成了以设施农业、葡萄种植、有机水稻、供外蔬菜为主的四大特色农业产业体系，无公害、绿色、有机农产品驰名区内外，被评为第一批国家农产品质量安全县。

这里还依托现代农业打造了集休闲观光、采摘、农耕文化挖掘、产品深加工为一体的田园综合体。

地处望洪镇农丰村的农丰生态园主要种植樱桃、杏子、桃子等，温棚杏花已经成为周边及银川市区居民的“网红打卡地”。每年清明节期间设施鲜果率先上市，采摘期一直持续到5月中下旬。望远镇板桥村的设施园艺采摘棚，则种植了普罗旺斯西红柿、草莓、小番茄等多个蔬果品种，采摘期从当年12月开始一直持续到次年6月，累累果实不仅丰富了市民的餐桌，还让村民“种”出了“真金白银”。

炎炎夏日，向阳花开。杨和镇王太堡农业休闲观光园百亩向日葵花海已上线!观光园占地0.13平方千米，一朵朵向日葵花争先怒放，构成了一道金灿灿的风景线。盛夏七月，成片的向日葵花海，承载着夏日的温情与浪漫，是夏天送给我们最热情的礼物。除了观赏向日葵，这里还有非遗文化长廊、观景台、采摘园。在凉亭下烧烤，去菜园里采摘，体验农耕文化，感受田园风光，满足你对乡村生活的美好向往。

闽宁双孢菇

双孢菇外观呈白色，菇柄粗短、菇盖圆、色泽自然、菇形匀称、纹理清晰，菌肉厚实饱满，菌味浓郁，鲜嫩脆爽，美味可口，具有全国名特优新农产品的独特营养品质特征。

永宁冬枣

永宁冬枣不仅口感绝佳，还富含多种维生素和矿物质，具有极高的营养价值。无论是作为日常的健康零食，还是用于烹饪佳肴、制作甜品，宁夏冬枣都能展现出其独特的魅力。

永宁闽宁镇生汆面

永宁生汆面的主料就是揪面片，揪面以其简单易做、筋道爽口著称。面片亮白筋道，汤里辅以肉馅丸子、粉条等配料，当地人还喜欢在上面铺一层红亮亮的油辣子。当一碗热气腾腾的生汆面端上桌时，先不论那股鲜肉的汆香味儿，光是看一眼就让人垂涎欲滴。

闽宁碗蒸羊羔肉

碗蒸羊羔以肉质鲜美而著称，是闽宁镇招待贵客的必点菜品，其肉质软嫩、葱香浓郁，既有羊肉特有的香味，又有西域风味的调料芳香。浓浓的香，既不浅薄，又不单调，深受大众喜爱。

上图 闽宁镇黄牛肉炖萝卜 **下图** 闽宁镇特色椒麻鸡

红树莓果

红树莓又叫覆盆子，富含维生素，有“黄金水果”的美誉。在红树莓成熟的季节，树上结满了果实，摘下一颗红树莓放进嘴里，酸甜的味道从舌尖直达心底。

编结

编结是以天然纤维和化学纤维纺线为原料，使用棒针或钩针等工具进行的手工工艺。永宁县闽宁镇原隆村在编结传承人的带动下，越来越多的妇女开始转变观念、学习技能，依靠自己的双手编织美好生活。

◀◀◀

位于胜利乡的宁夏小任果蔬现代农业产业园，占地0.67平方千米，有日光温室、大拱棚200多栋，栽植长枣、葡萄、草莓、番茄、黄瓜、四季豆、芹菜、甜瓜等10余种适应市场需求的名特优产品，通过标准化的生产管理、示范展示、按等级拣选包装、品牌连锁销售，年产鲜蔬菜、果品3000吨，形成集设施蔬果栽培示范、品种筛选、产品加工、设施园艺技术推广、生态农业观光旅游、四季蔬果休闲采摘为一体的多元化现代农业示范区。

小小双孢菇在《山海情》里成为移民脱贫的金菇，被称为“素中之肉”，现如今，闽宁镇双孢菇产业不断发展，小小的双孢菇既是舌尖上的美味，更是馈赠亲友的名优特产!棚湖湾红树莓基地，孕育了精灵般的红树莓果，含有人体必需的多种氨基酸和维生素，树莓酮燃脂减肥，花青素美容养颜。冬枣是冰雪给予永宁的馈赠，青中染红的色彩，皮薄肉脆的香甜，大自然的慷慨与细腻都在一枚小小的果实中相聚。

闽宁情深，山海为盟。《山海情》经过几轮热播之后，参观拍摄地、品尝“山海宴”已成为许多观众来宁夏旅游的打卡必备。山海宴是闽宁镇移民就地取材所做成的美味。一桌山海宴，山的味道传承，海的情谊弥漫，交相辉映的友谊长存。

山海起新潮，闽宁情更浓。来到永宁，体验勇士之路的热情似火；来到永宁，感受塞上米粮川的深情厚谊。

大爱之地，和美之地，这就是永宁! 

唐韵古城·奇秀灵武

灵武，物华天宝、人杰地灵。这是一片古老的土地，历史悠久，文化底蕴深厚。这片土地上，有很多自然绝景和古迹遗存，由此衍生出丰富多彩的旅游资源。这里集塞北江南文化风情和千年古县历史底蕴于一体，融枣乡绒都城市特色与大漠长河风光美景为一体，瑰美壮丽，美不胜收。

灵武，物华天宝、人杰地灵。这是一片古老的土地，历史悠久，文化底蕴深厚。

灵武，古称灵州，地处黄河金岸，是一座拥有2200多年历史的千年古城。公元前191年，西汉王朝在这片神奇的土地上始建“灵州”。646年，唐太宗李世民于灵州会盟少数民族部落首领，自此开辟大唐盛世，描绘出各民族和睦共处、和谐相融的历史画卷。756年，唐肃宗李亨在此登基，平定安史之乱，开启中兴唐室的宏图伟业。西夏立国，康熙平叛，游牧文明和农耕文明在这里碰撞融合，沧桑和辉煌的时光在这里交会，造就了这片灵性古朴的壮美山河。

历史悠久的城，有着同样历史悠久的信物——灵武长枣。灵武长枣已经有1300多年的栽培历史了。这里的土壤为砂壤土，土质深厚肥沃，引黄河水灌溉，水源充裕，特定的地理环境使得灵武长枣果皮紫红，鲜艳亮丽，肉厚、质脆，酸甜适口。据检测，每100克灵武鲜枣中含维生素C高达600毫克以上，有“活维生素丸”“百果之王”之美称。

灵武市不仅注重历史的传承，也注重新技术的引进与研发，因地制宜发展特色产品，不仅为农民创收增收，也不断促进灵武市文旅融合产业发展。在灵武枣树博览园，326个品种、16549棵百年枣树陪伴你领略“枣林在城中、城在枣园中”的美妙感受。

曾经的皇室贡品，现在家家户户都能吃到了。如此好吃寓意又好的长枣必须带给远方朋友一同分享。枣鲜果不耐储存，在古代与荔枝一样珍贵，现在得益于灵武电商的高速发展与物流的畅通，全国的吃客们当天下单三日内就能品尝到灵武的鲜枣。

“世界羊绒看中国，精品羊绒在灵武”。灵武目前已经成为全国乃至全世界非常有名的羊绒集散地和加工中心。灵武羊绒用料极致，优质的原绒经过特殊工艺缩绒整理，手感柔软糯滑、细腻平顺。材质，工艺，在每一方寸间彰显用心。

灵武鼓楼

灵武市鼓楼，矗立岁月长河，承载深厚历史。它见证了朝代更迭，岁月变迁。庄重的建筑风格，彰显着古人的智慧。如今，它已成为热门旅游景点，吸引众多游客前来。登上鼓楼，俯瞰城市繁华，感受历史与现代的交融，领略独特的文化魅力，让心灵在这趟旅程中沉醉。

灵武长枣

灵武长枣是经过多年自然筛选出来的具有地方特色的优质特色枣产品，果实呈椭圆形，色艳、肉厚、脆甜适口、汁液多，平均单果重18.1克，最大单果重达40克。抗逆性强，果实营养非常丰富，不仅含有多种有机酸，还含有糖、脂肪、蛋白质及多种矿物质，尤其是鲜枣，含有丰富的维生素。

鼎夏大缸酒

鼎夏大缸酒拥有70多年酿制历史，以宁夏唯一现存最早的地穴式曲酒发酵窖池、五种粮食配方、古传秘方工艺等资源为酿酒基础，成为宁夏现今酒类产品中出类拔萃的珍品。

沙漠鲜枣酒

沙漠鲜枣酒，色泽透亮，入口延绵，枣香浓郁、气味芬芳。

宁夏古陶瓷烧制技艺（灵武瓷烧制技艺）

灵武窑古瓷烧制传承人选用磁窑堡地区优质高岭土、黄河釉料等原材料，依据传统工艺，经选料、拉坯、上釉、剔刻等20多道工序烧制出独具特色的灵武古瓷。产品种类繁多，器形多样，造型考究。

灵武羊绒 摄影/周子平

灵武羊绒产业园区已形成羊绒生产加工一体化的高新产业园区，产品远销欧美、日本、韩国等国际市场。灵武市先后被国家有关部委授予“中国精品羊绒产业名城”“中国灵武优质山羊绒分梳基地”“中国灵武国际精品羊绒之都”等称号。

灵武光照充足，昼夜温差大，地势平坦，水源优质，土地肥沃，自古以来就是生产好大米的地方，中国十大好吃大米之一的兴唐大米就产自这里，吃一口唇齿留香。灵武的兴唐大米自2016年以来，在中国国家大米节上，连续三届获得“中国十大好吃米饭”第一名。一瓢水，一口锅，便是一屋子的米香。黄河浇灌着这里的万亩良田，让这片土地有了“鱼米之乡”的美誉。大米颗粒圆润，米香浓郁，绵弹适口，没菜也能吃三大碗。

灵武地处世界公认的“黄金奶源带”，气候适宜、空气纯净，现代养殖基地牛羊成群，你可以在智慧牧场享受与现代都市相得益彰的“田园牧歌”，也可以漫步在草畜小镇，喝上“一杯健康优质好奶”。

白芨滩国家自然保护区是位于宁夏回族自治区引黄灌区东侧的一道绿色屏障。保护区林场瓜果飘香，战天斗地、百折不挠的灵武人民在这里实现了“人进沙退”的绿色奇迹，伟大的治沙精神、壮美的沙漠星空交相辉映，给四海游客呈现魅力无限的“大漠田园”。

水洞沟是中国最早发掘的旧石器时代文化遗址，被誉为“中国史前考古的发祥地”，这里展示了4万年前古人类生活的画面，开启了中国旧石器时代考古研究的先河。从这里再往东40千米就是在2004年挖掘出土过亚洲第一龙的灵武恐龙化石遗址，这些化石距今已经有1.6亿年。

亿年的恐龙、万年的水洞沟、千年的古灵州、百年的老枣树，这是灵武人文旅游的亮点与特色。

灵武，宁夏旅游第一站，物产富饶的西北精华之地！

第二章 石嘴山市

山水相约石嘴山

山，使石嘴山雄奇；水，让石嘴山灵秀。在这里，一低头，是浩浩荡荡的黄河；一望眼，是雄浑壮美的贺兰山；一转身，是秀美的风光万般旖旎……各色文化，石嘴山皆能包容。

石嘴山是祖国大西北工业重镇，在使命完成后的岁月中沉淀芳华，又以崭新的姿态迎接盛世百态。黄河潺潺、山水相依是她的颜值；工业建设、铁骨献中华，是她的气质。

石嘴山市因黄河两岸“山石突出如嘴”而得名，风光优美。石嘴山地理位置优越，地处宁东、蒙西两个国家千亿吨级煤田之间，是呼包银兰经济带、宁夏沿黄经济区、宁蒙陕乌金三角经济区的重要节点城市；黄河穿东过，西依贺兰山，湿地面积达415平方千米；拥有全国首批5A级旅游景区沙湖。

曾经石嘴山的产业结构、经济命脉皆以煤为源，煤矿关停之后，产业该如何转型？凭借着宁夏唯一的石炭井完整工矿行政区，中国目前仍在运行的“最高龄”绿皮火车，规模宏大、体系完备的大武口洗煤厂，大武口这座工业城市，在新时代中孕育了工业文化旅游，将石炭井生态工业文旅特色小镇、大武口洗煤厂工业遗址公园、贺翔通航小镇等项目打造成了精品旅游，填补了宁夏生态工业旅游的空白，吸引着八方来客。

大武口工业遗址公园 供图/VCG

大武口工业遗址公园在保留原有建筑结构基础上，开发了文化创意区、主题商业区、科普研学区、休闲娱乐区等功能区。这里有记录石嘴山煤炭工业发展历程的“工字广场”、铭记建设者的“五湖四海路”以及展现辉煌记忆的“时光走廊”等。这里已成为宁夏乃至全国独具特色的生态工业文化旅游标志性目的地，吸引着人们前来感受宁夏工业的奋斗史与嬗变历程。

工矿企业退出了，电影电视剧剧组进来了。遗留的历史建筑和街区成了年代、科幻、生态等影视剧的最佳取景地，《山海情》《贺兰英雄》《荒草丛生》《绿皮小火车》《天逆骑士·变体》《猎杀外星人》等多部影视剧在此取景拍摄，这里正逐步打造成为影视项目拍摄基地。更奇妙的是，随着石炭井的客流量不断增加，“石炭井号”旅游列车也成了网红项目。

以建设生态城市为目标，石嘴山全力治理贺兰山，植树造林十多万亩，打造出了天然氧吧、城市绿肺。漫步林间小道，山水相依、亭台交错，形成独具风情的塞外园林体系。

栽下梧桐树，引得凤凰来。石炭井良好的生态环境、多样的地形地貌、齐备的配套设施让石嘴山贺兰山（石炭井）大峡谷汽车越野拉力赛在此落地生根，如火如荼地举办。

来到贺兰山下的龙泉村，穿行村落间，可以看到村内保留的明代长城、烽火台、汉代遗址等珍贵的历史古迹，这些充满记忆的建筑汇集了当地的农耕文化、民俗文化等传统文化精髓，彰显了龙泉村悠久绵长的人文历史。

走出龙泉村，与之相邻的便是贺东葡萄酒小镇。可以在这里乘坐穿梭在老藤间的观光小火车，品尝百年老藤孕育出的醇香原汁。这个中国优质精品葡萄酒酒庄集中地，产出的红葡萄酒质地精美、酒体结构精准，屡获国际大奖，葡萄酒产业与文旅相结合，让入住庄园、欣赏风光、深入体验文化的愿望不再遥远。

与众不同的是，石嘴山煤炭资源丰富，使得贺兰山下土壤偏灰黑色，微妙的石墨气息反映“起源地特征”，给葡萄带来特别的风味，这种奇妙的联系在国内十分少见。

沿黄河而上，来到惠农区，在银河湾里看银河。惠农区礼和乡银河村境内有5.3平方千米湿地公园，拥有丰富的野生动植物资源，是“东亚、澳大利亚迁徙线”上重要的候鸟栖息点，是黄河宁夏段难得的一处原生态保存完好的黄河湿地自然景观。夜晚，星空辽阔，牛郎星、织女星遥相呼应，与良人相伴，邀明月、观星辰，浪漫无限。

融江南水乡之灵秀与塞北大漠之雄浑为一体的石嘴山，因国家首批5A级旅游景区——沙湖的存在而富有灵魂。徜徉在沙湖景区，白天在炙热的沙海中留下一串串脚印，火热的温度透过脚心浸入身体；夜晚在蛋壳屋里听虫鸣观满天繁星，享受大自然赋予的浪漫……

在石嘴山，围绕大漠黄河，可以将好吃的、好玩的尽收囊中。从平罗县出发，一路品尝黄渠桥羊羔肉、沙湖的大鱼头、宁夏名菜阳光烤全羊，从此多了份舌尖上的牵挂；黄河边，蜿蜒曲折的河水静静流淌，与竞技乐趣十足的拉巴湖全国越野车大赛、热闹非凡的庙庙湖景区网红桥碰撞出和谐之美；站在平罗县天河湾国家湿地公园的塞上江南博物馆瞭望，黄河蜿蜒、缓静灵秀，草长莺飞、悠然自得，人文、历史、自然、生态与旅游发展有机结合……一幅幅全域旅游的诗意长卷，在眼前渐次舒展。

沙湖旅游区 摄影/李光荣

石嘴山市景区推荐

5A	沙湖旅游区
4A	华夏奇石山文化旅游区 北武当生态旅游区 贺东葡萄酒小镇 平罗县庙庙湖生态旅游区
3A	平罗县玉皇阁景区 国务院直属干部学校历史陈列馆 大武口区龙泉村 大武口工业遗址公园 惠农区大地天香旅游景区 星海湖旅游景区 贺翔通航旅游小镇 银河湾生态旅游区 宁夏煤炭地质博物馆

山水有情·兴业有梦

大武口，山灵水秀。贺兰山滋养了她刚柔并济的气质，星海湖赋予了她俊秀灵动的颜值。石嘴山大武口，一座以山口为名的年轻城市，贺兰山成就了这座工业城市，也孕育了生态工业文化旅游，吸引着八方来客。

大武口凉皮宴

大武口凉皮宴在宁夏枸杞宴、河南豫菜宴、江苏淮扬宴等基础上，融合了菜肴制作、餐具搭配、文化传承、礼仪服务等宴席文化特征。大武口凉皮宴由大武口凉皮迎宾宴36道和大武口凉皮小吃宴24道组成，获得了国家地理标志认证“中华名小吃”的称号。

一山一河是大武口的风骨和灵魂，“五湖四海”是大武口的血脉和传承。黄河文化和华夏文化在这里发祥交融，这里留下了游牧民族逐水草而居的生活痕迹，孕育了气势雄浑的古长城、佛道合一的古寺院等千百年历史的人文古迹。

大武口地处宁夏平原的北端，是石嘴山市政治经济文化中心。因煤炭而立，因工业而兴。在三线建设的特殊时期，全国来自五湖四海数十万建设者远离故土，以自强不息的奋斗精神，在贺兰山下治沙培土、抛石掘水，为宁夏工业的发展做出了贡献。

时光飞逝间，时代的繁华更迭，留下了洗煤厂、煤机厂、水泥厂等多处具有时代和地域特征的工业遗产。完备的工业体系，丰富的工业资源，为大武口区生态工业文化旅游奠定了坚实的基础。

如今，大武口洗煤厂已经成为一个集“吃喝游购娱”为一体的旅游综合体，实现了工业的“黑色”变为旅游的“彩色”。每天，“石炭井号”绿皮小火车依旧从这里发车，车轮压过铁轨连接处，发出“咣当咣当”的声响，像是历史齿轮啮合向前时发出的声音，也像是一缕时光穿越无数时空坐标时带来的回响。犹如一列时间列车，带你走过半个世纪。

走进石炭井工业旅游特色小镇，时光瞬间倒回到几十年前……这里有着几代人的乡愁，也记录着时代的巨大变迁。如今，这里已是热门影视剧取景点，先后完成了《山海情》《贺兰英雄》《猎杀外星人》等影视剧取景拍摄。那些留下来的遗迹，还有宝贵的拼搏奋进精神，都将被“石炭井号”承载着奔向未来。

在石炭井工业文旅小镇，于贺兰山间观赏越野的刺激，在天空之上体验飞行的快感。集观光、影视、娱乐、运动等为一体的生态工业文化旅游画卷，正在徐徐展开。这就是大武口，依托得天独厚的资源，接过了产业发展的接力棒，构建起了以工业旅游为载体的文旅产业新格局。

除了厚重的历史，休闲惬意的乡村之旅也是大武口一张亮丽的名片。贺兰山下第一村——龙泉村，紧依贺兰山，因村内有9个天然泉眼而得名。在这里，你可以慢行步道，释放心中的压力，也可以闲逛绿草碧洲，感受休闲农业的魅力。当然，也可以携孩子、老人同享天伦之乐，也可以感受博大精深的非遗文化，还可以享受大武口美食的回味悠长。

石嘴山大武口区　　摄影/娄广臣

石嘴山因贺兰山脉与黄河交汇之处“山石突出如嘴”而得名。大武口区是贺兰山脚下的一座绿色文明之城，是石嘴山市政治、经济、文化、信息中心。

厚德精酿坊

厚德精酿坊采用贺兰山天然活泉，精选优质粮食，传承古老的酿酒工艺，陶缸发酵，成酒又经过洞藏进行二次发酵，从发酵到成酒全部采用纯手工的传统固态酿造工艺。

自治区级非物质文化遗产葫芦烙画

葫芦烙画又称烫画葫芦、火笔画葫芦。做葫芦烙画得用烙铁当笔，烧热后在葫芦表面熨出烙痕作画。烙画和葫芦融为一体，能长久保存，可以作为工艺品收藏。

龙泉山庄贺蘑炖土鸡

龙泉山庄贺蘑炖土鸡，精选贺兰山特产紫蘑菇，搭配养足一年的农家土鸡鸡肉，用小火慢炖制作而成，其中还放入了适量枸杞、当归等中草药。口感纯正，气味醇香，是一道老少皆宜的菜品，荣获“大武口区十大金牌旅游名小吃”称号。

贺东庄园是宁夏历史最悠久的葡萄酒庄之一，地理位置恰好处在最适合种植酿酒葡萄的北纬38° 黄金线上，“葡萄怜美酒，苜蓿趁田居”，而贺东庄园200余株百年老藤孕育的佳酿，也为这里葡萄酒口味的浓郁，增加了一丝历史的醇香。百年老藤孕育出柔和醇香的生命原汁，屡获国际大奖。

产自大武口区硒有田园的富硒水果和富硒鸡蛋，绿色健康，营养价值高，很多人会在休息日携家人前往硒有田园体验采摘的乐趣。

来到了大武口，不吃一份大武口凉皮，等于没来过。大武口凉皮的工艺十分讲究，从选面粉到洗面浆，再到上锅蒸，历经八九个小时，面团需反复揉捏数十次，直至淀粉全部洗出。这样制出的面皮柔韧透亮，面筋疏松透气，具有麦芽的香甜。凉皮搭配的宁夏辣椒香而不辣，辣味绵软，佐以白芝麻、花椒等辅料，用烧热的花生油一浇，顿时香气四溢，闻之便会胃口大开。一碗凉皮，融进了大武口这座城市的发展历程，每一碗凉皮都承载了几代人的美好记忆。

以建设生态城市为目标，大武口人民全力治理贺兰山，植树造林十几万亩，打造出了天然氧吧、城市绿肺。漫步林间小道，山水相依，亭台相谐，形成独具风情的塞外园林体系。每逢秋高气爽之际，漫山红叶层林尽染，如红霞一般扑面而来，蔚为绚丽。站在山巅，晨光映照下的丹霞地貌，为贺兰山系上彩色的腰带。

到大武口，来一次品味历史的回忆之旅，来一次感受生态的休闲之旅，来一次挑战自我的运动之旅，来一次品尝美食的舌尖之旅。

山水惠农·青春之城

石嘴山市惠农区，地处宁夏最北端，东临黄河，西依贺兰山，北与内蒙古乌海市接壤，是宁夏的北大门，素有“贺兰山下果园成，塞北江南旧有名”的盛誉。

富硒甜瓜

惠农拥有独特的土质和水源，生产出的富硒甜瓜品质高、口感好，备受消费者喜爱。目前，惠农区已成为远近闻名的西甜瓜特色生产基地。

惠农，因清雍正七年（1729年）钦赐灌溉大渠“惠农渠”而得名，有“塞北明珠”之称。惠农是一座移民之城，这里汇集着五湖四海的人。千百年来，不屈、顽强、坚守成为生活在这片土地上的人们的精神追求。

惠农区是“一五”时期国家确定的十大煤炭基地之一，宁夏的第一锹煤、第一度电、第一炉钢皆源自惠农，是宁夏工业的发祥地。新中国成立后，一批批知识青年，从四面八方会聚而来。他们在这里看到了滔滔黄河水，看到了荒山戈壁滩，他们不畏艰难险阻“开天辟地，惠泽于民”，为祖国的现代化建设全力拼搏。他们披荆斩棘，解放思想，在辽阔的土地上种下新的希望，创造新的奇迹。

从昔日采煤沉陷区到今朝魅力七彩园，崇尚奋斗的石嘴山惠农人用了12年改造自然，用实际行动诠释了绿水青山就是金山银山，七彩园成为春天赏花、夏天采摘、秋天观叶、冬天看雪的大花园。

简泉甜瓜，得益于北纬38°的特殊地理优势，因光照充足，昼夜温差大，沙质土壤且富硒量高，以山泉水灌溉，所以富硒甜瓜营养价值高、口感香甜。

田园香醋，采用贺兰山富硒山泉水，以精选大米、高粱、麸皮、稻糠等优质粮食为原料，辅以枸杞、黄芪等中药材古法酿造熏制而成，通过微生物发酵，让枸杞中的多糖等营养成分充分转化，将枸杞和醋的营养成分完美结合，使其被人体最大化吸收，口感佳，味甘酸绵香醇。被评为自治区非物质文化遗产，枸杞固态发酵技术，已获得国家发明专利。

嘉禾花语玫瑰鲜花饼为纯手工制作，不含化学添加剂和防腐剂，入口留香、甜而不腻，有助于促进人体新陈代谢，是一种美味健康纯天然的绿色食品。嘉禾花语玫瑰鲜花饼产于惠农区红果子镇大地天香景区，景区景色宜人，玫瑰盛开，观赏与品尝共举。

西域王泉葡萄种植基地有着充足的阳光，独特的丰硕沙质土壤。理想的自然条件孕育出了高品质的葡萄。该产品采用纯手工采摘特级酿酒葡萄赤霞珠，橡木桶陈酿，呈宝石红色，果香浓郁，酒体醇厚、圆润、均衡，是一款具有贺兰山东麓特征的酒庄酒。

贺兰山枯木根艺是指利用生长在贺兰山脉及山脉周边的枯死树根制作根艺作品的一种民间传统技艺。根雕艺术作为中华传统文化的一项内容，博大精深，源远流长，是我们祖先几千年文化的积累和沉淀，是古代劳动人民智慧的结晶，是我们祖先留给我们的宝贵财富。

宁夏黄河惠农段　摄影/陈小组

成群的灰鹤、野鸭、大雁等在黄河惠农段银河村黄河湿地保护区栖息，它们时而停留河边，时而浮水飞翔。随着气温下降，大批候鸟在此云集栖息越冬，成为冬日的一道亮丽风景。

田园手工醋 摄影/李光荣

田园手工醋始终传承传统古法酿造技艺，并在传统技艺的基础上加以创新，主要是对酿造工具和环境的革新，摒弃了土炕、土炉，取而代之的是更符合现代食品卫生要求的天然气炉、不锈钢炕。由此，生产出升级版的醋产品，形成了独特的本土风味。

玫瑰花衍生品

宁夏嘉禾花语生态农业公司建成数百亩重瓣玫瑰示范种植基地，培育有白玫瑰、俄罗斯玫瑰、苦水玫瑰、大马士革玫瑰等多个玫瑰品种。产品主要以食用和护肤两大系列为主，有玫瑰饼、玫瑰纯露、玫瑰护肤水、玫瑰精油等。

大地天香玫瑰园　供图/VCG

大地天香是一个集嘉禾花语产业园、万亩玫瑰基地、田园醋产业园于一体，打造有花海田园观赏游览环线、乡村文化民宿廊、民俗生活体验区、游乐游艺区、大地天香玫瑰园区、工业体验与生态产品区、田园人家服务区的特色生态产业园。

上图 **惠农黑枸杞**

黑枸杞味甘、性平，富含蛋白质、枸杞多糖、氨基酸、维生素、矿物质、微量元素等多种营养成分，还含有丰富的黑果色素——天然原花青素（红果枸杞不含），其OPC（葡萄籽提取物）含量超过蓝莓，是迄今为止，发现OPC含量最高的天然野生植物。黑枸杞被誉为野生的“蓝色妖姬”。

下图 **惠农脱水蔬菜**

脱水菜是惠农区农业三大主导产业之一。惠农区积极创新农业产业化经营机制，引导企业承租农民土地自建基地，不断创新技术、延伸产业链、开拓终端市场，不仅促进了农民增收，还推动了脱水菜产业的发展。目前，惠农区大型脱水蔬菜加工企业已发展到近20家，涉及20多个品种，80%的产品出口。

◀◀◀

银河湾，位于惠农区礼和乡银河村，境内有5.3平方千米湿地公园，生长着天然沙漠红柳林、芦苇荡、沙枣林等，是“东亚-澳大利亚迁徙线”上候鸟重要的栖息点，有众多珍稀鸟类，是黄河宁夏段难得保存完好的一处原生态黄河湿地自然景观。在这里，你可以感受雄浑壮阔奔流不息的黄河景观、自然朴素的湿地草原生态景观、幽香淡雅的红柳林景观、神奇的草原沙漠景观、浩瀚深邃的星空景观以及地域深厚的历史人文景观，是集民俗文化、休闲娱乐、生态养生、农业观光采摘于一体的乡村旅游胜地。夜晚，星空辽阔，牛郎星、织女星遥相呼应，与良人相伴，邀明月，观星辰。

走进大地天香景区，热情好客的庄主，绿色有机蔬菜瓜果采摘园，散养溜达鸡和玫瑰鹅，地道朴实的家常菜，鸡犬之声相闻的民宿，让游客无论是在旭日东升，还是在华灯初上时，都可尽情享受田园之乐。烤几串羊肉串，喝两杯啤酒，感受微风轻拂脸颊，花香环绕庭院，好不惬意。

走进惠农区绿色农产品加工科技创业园，脱水蔬菜自动化烘干、黑枸杞提取花青素、玫瑰精油提取、保健食品加工、枸杞醋生产、大蒜深加工……一幕幕农产品加工全过程映入眼帘。

这是一座青春之城，一批批极具竞争力的产业“单打冠军”，正在这里加速崛起。

这是一座山水之城，漫步在黄河之畔，隔河相望这座美丽的滨河小城，感受母亲河作别宁夏的依依不舍。

惠农之旅，不虚此行。“惠”吃“惠”玩“惠”生活，这就是真正的惠农！

平罗县 [09]

醉美沙湖·毓秀平罗

一汪碧水从天降，瀚海沙漠起平湖。这里将江南水乡之灵秀与塞北大漠之雄浑融为一体，这里就是美丽的宁夏平罗。

沙湖旅游区 摄影/李光荣

看沙水共长天一色，看候鸟从芦苇中振翅高飞，会让人不由得想起那句歌词："金绸子沙滩、银绸子水，谁不说咱沙湖美；塞上的风光、江南的景，人在沙湖不思归。"

平罗是历史文化古城，是西北的鱼米之乡，享有“塞上小江南”的美誉。这座北方古城，历经两千年城池更迭的造就，2000平方千米的热土雄浑大气、飘逸灵秀，30万人砥砺耕耘，春华秋实。

平罗古时是边塞重镇，有“平虏安，河套宁，则中原太平”之说。今日，平罗不忘传承之责，泥哇呜吹奏的音符穿越时空，葫芦上的方寸之地也能刻画大千世界，传统剪纸技艺依然可以创造新生。

世上山清水秀的美景常有，而沙拥翠湖的人间仙境，你可曾见过？来平罗，体验的不是湖光山色的寻常之姿，而要见一见大自然的鬼斧神工、神奇造化——沙湖。

走近沙湖，这是一个镶嵌在贺兰山下的“塞外明珠”。看沙水共长天一色，看候鸟从芦苇中振翅高飞，会让人不由得想起那句歌词：“金绸子沙滩、银绸子水，谁不说咱沙湖美；塞上的风光、江南的景，人在沙湖不思归。”而庙庙湖，被称为沙漠里的“桃花源”，每逢开春时节，这里万株桃花漫山绽放，如烟霞，赛霜雪，美不胜收；拉巴湖，是宁夏最大的沙漠自驾越野基地，越野车沙漠场地赛在这里激情上演。

山海兼程，万种人生。平罗天蓝地绿，水清人和，瓜菜满园，稻米飘香。远道而来的你，品罢湖光山色，不妨将寻美的目光投向乡野田园、古村闲庭。

“其地饶五谷，优宜稻麦”，平罗盛产的富硒稻米，有丰富的蛋白质、脂肪、矿物质等营养物质，对于注重健康的现代人来说，富硒大米是一日三餐的最佳选择。平罗县水稻种植面积166.67平方千米，绿色“富硒大米”加工粮油企业有20多家。

有了喷香的米饭，搭配什么蔬菜呢？别急，在平罗走上一圈，保管你的餐桌色泽丰富，营养俱全。平罗县是自治区瓜菜产业重点县之一，发展以设施瓜菜、沙漠瓜菜、越夏蔬菜、脱水蔬菜为主的优势瓜菜产业，“平罗产”瓜果蔬菜成了“优质”的代名词。露地番茄、辣椒、食用菌、宁夏菜心、沙漠西瓜，不仅是宁夏人最爱的选择，更受北京、上海、广州、深圳等地居民青睐。

平罗扁豆凉粉

扁豆凉粉是以扁豆为原料磨制的一种清清爽口的凉粉，透明晶亮，筋道而绵软，非常可口。粉面制作是将扁豆冷水泡浸12小时以上，再用水磨制，用箩过滤入缸沉淀而成。煮成后，或擦或切或旋均可。

黄渠桥糖麻丫

糖麻丫也叫“糖麻鸭”，用糖稀“灌醉”的糖麻丫，活像烤鸭卤鸡，金黄润亮，香味四溢。糖麻丫用料简单，方便易做，且经济实惠，外黏内沙，嚼之有筋，余味绵长，堪称小吃一绝。

沙湖枸杞辣椒酱

沙湖食品枸杞辣酱获得国家发明专利，是由枸杞树上嫁接的辣椒制作而成的辣酱，爽口而不辣，适合更多人群，吃法多样。枸杞辣椒酱属于沙湖食品主推产品，线上线下凡是购买过的客户都赞不绝口，因为产品不仅美味还很营养。

黄渠桥羊羔肉

黄渠桥羊羔肉是宁夏非遗美食，以其讲究的选材用料、独特的烹饪技法和可口的味道享誉在外。

◀◀◀

种子是农业的“芯片”。平罗县光热水土和地理条件得天独厚，繁育的种子产量高、含水率低、籽粒饱满、光泽度好、发芽率高、耐贮藏，被业内人士誉为“天然的种子加工厂”。平罗县将制种“金字招牌”越拭越亮，宁夏80%的蔬菜种子繁育在平罗，菜豆类制种占全国市场的1/3，95%以上种子销往全国各地。部分茄果类杂交种子销往27个国家和地区，种子总产量达2300多万千克，居宁夏首位，总产值达4.5亿元。

走遍平罗，当您想要带一份伴手礼馈赠亲友，沙湖辣椒酱一定是个好的选择，它以宁夏羊角椒为主料，咸、鲜、香、辣，各有风味。最独特的枸杞辣椒酱，不用一粒枸杞，而是采用枸杞与辣椒嫁接的新品种——枸杞辣椒进行制作，兼具了枸杞的营养和辣椒的美味。

平罗有许多让人赞不绝口、魂牵梦萦的美食，是旅客们心头最温柔的人间烟火。

来了平罗，一定不能错过黄渠桥羊羔肉！不然就是一次不完美的旅行！正宗的黄渠桥爆炒羊羔肉要选用平罗出产的优质羔羊肉，肌纤维细、肌间脂肪分布均匀，氨基酸和矿物质元素含量丰富，胆固醇含量低，肉嫩味鲜无膻味，在大火爆炒的基础上，兼用焖、炖的烹饪方法，再加上神秘的草木粉末和土豆粉，这道平罗美味才算大功告成。“古城夜宵美食多，爆炒羊羔热门货。脆嫩香辣任品尝，深更夜巷唤开锅。”这首小诗生动再现了黄渠桥羊羔肉的火爆和魅力。

沙湖鱼头，选用来自沙湖的大花鲢鱼头，“相佐”的同样是自治区级非遗名录产品黄渠桥老豆腐，鱼头和豆腐炖到一起，既有豆腐的清香味，也有鱼头的鲜香味，绝妙搭配，绝对美味！还有已被列入市级非遗名录的扁豆凉粉，筋道滑口，晶莹剔透，加上又香又辣的平罗辣椒，天气热的时候来上一碗，清爽开胃！

一山、一河、一沙、一湖，自然赋予了平罗独特的地貌，丰富的旅游资源，抚今，追古，寻奇，探幽，赏景，任君选择。

吸纳山水灵气，触摸梦想时光，随心所向，随梦所往。在天蓝地绿间尽享诗意生活，水清人和中遇见醉美沙湖、毓秀平罗。

国家级非物质文化遗产泥哇呜

泥哇呜由土制乐器演变而来，因吹出来的声音“呜呜哇哇”而得名。古代先民多作为狩猎中的拟音工具，后逐渐发展为音域完善的乐器。器型小者声音清亮、悠扬、空灵缥缈，器型大者声音浑厚、沉稳且穿透力强，在宁夏地区广为流传。

第三章 吴忠市

吴忠有“忠” 一见“忠”情

吴忠市位于宁夏中部、黄河之滨，这里物产丰饶、人文丰厚、特色鲜明，素有“塞上明珠”“水旱码头”的美誉。

远山，大河，波涛，不言不语。云海，光影，星空，安安静静。吴忠是属于水的，黄河水出峡谷入平原，奔流不息。吴忠是属于山的，贺兰山阻大漠于塞外，傲然耸立。

吴忠的早晨，是从牛肉面与八宝茶简单而神奇搭配的大西北早茶中醒来的。“吴忠早茶”集纳了拉面、八宝茶、特色面点、小菜、牛肉等多种元素，是当地养生文化、美食文化与商业文化的融合，也代表了一种悠然的生活态度。蓬勃发展的吴忠早茶，成为吴忠市新的城市名片和文化符号，被中国烹饪协会授予“早茶文化地标城市”荣誉称号。

吴忠是一座名副其实的美食城。八宝茶是吴忠早茶牛肉面馆的必备饮品，也是感受吴忠早茶文化的灵魂所在。据说具有补肾益精、养肝明目、补血安神、生津止渴、润肺止咳的功效，更有解油腻、促代谢、强心功、解疲劳、降血压等食疗效果。吴忠人“抓”八宝茶讲究手气，用料比重不同，口味自然有别。风格迥异的八宝茶配方，也是各早茶牛肉面馆的招牌所在。

吴忠黄河古灌区 摄影/李光荣

吴忠市地处宁夏中部，坐落于黄河之滨，是宁夏引黄古灌区的菁华之地，已有2239年建城史，是唐代灵州城所在地。

吴忠牛肉面形制上有大宽、小宽、韭叶子、二柱子、一细、二细、三细、毛细、荞麦棱子等10余种，选用本地产黄牛肋条肉和牛腿骨，炖熬成汤，配以牛肉、萝卜、香菜、蒜苗，淋入红亮的辣椒油，香气朦胧中 “一清、二白、三红、四绿、五黄”的鲜明特征旋即打开味蕾。

“没吃羊杂，等于没到吴忠”。吴忠羊杂汤鲜肉美，采用纯羊骨汤，味道醇厚，肥而不腻，以“红润油亮、肉烂汤辣、三色相间、色彩绚丽、香飘诱人”的特点成为食客们的心头好。以盐池滩羊为代表的吴忠羊肉，肉质细嫩，无膻腥味，脂肪分布均匀，营养丰富。吴忠手抓要选“密齿子羯羊”，煮肉要大火烧开、温火慢炖；切肉要肥瘦相间、骨肉相连。手抓羊肉制作技艺入选国家级非物质文化遗产代表性项目名录。

吴忠牛肉食材众多，数涝河桥牛肉最有名，是中国地理标志产品。吴忠早茶的牛肉多取材牛腱、牛肋，用传统烹饪技法制作，凉、热两吃，肉、筋、油三色争艳，鲜、嫩、滑、纯、香五味俱佳，是吴忠早茶的必备“硬菜”。

吴忠早茶面点种类丰富，咸有干烙饼、鸡蛋摊饼、手撕饼、酱香饼、葱油饼、小笼包、水煎包、苦荞锅巴等，甜有糖糕、江米条、烫面油香、南瓜饼、紫薯饼、发糕等，数不胜数。

吴忠有着种类繁多的爽口开胃小菜，或蒸或煮或炒或烫，或腌或拌或熘或炸，白菜、豆角、茄子、乳瓜、菠菜、洋葱、香芹等经精心烹制，都能激发食欲。沙葱味辛而不辣、脆嫩爽口，有治消化不良、不思饮食之功效；苦苦菜入口微涩，再品清香，回味悠长，泻火除湿，备受欢迎；黄花菜营养丰富、色泽黄亮、条长肉厚，别具风味。

吴忠美食的烹制方法充分吸收了京、鲁等菜系的熘、扒、爆、涮以及拔丝、蜜汁、挂霜等特色技艺，烹饪技术由简到繁、由少到多，日臻完善，菜点形色口味也由单一趋向多样、粗犷走向细腻，色香味形器俱佳。

吴忠是优质天然生态农副产品生产富地，所辖青铜峡市依黄河水而植水稻，出贡米；盐池县被誉为“中国滩羊之乡”；利通区是“中国黄金奶源生产基地”；同心县成为圆枣、有机枸杞富产地；红寺堡区有“中国葡萄酒第一镇”之称。吴忠还是“塞上硒都”。

“天下黄河富宁夏，黄河最恋是吴忠”。黄河两岸，四季轮回，承载着吴忠人民的绿色希望。塞上硒都，绿色有机，阳光沃土，自然馈赠，吴忠人民用勤劳的双手收获甜蜜幸福。

吴忠，贺兰山东麓葡萄酒明星产区。风土将葡萄果实风味浓缩成独特佳酿。在贺兰山下、黄河岸边、罗山脚下，紫色的梦想在冉冉升腾，金色的篇章已华丽开启。

山川相济，四季分明。这里地处我国黄金奶源地。一流的奶源，一流的标准，一流的产品，“吴忠牛乳”地理标志响亮全国。

从农耕文明到现代文明，一腔一调，浸透着厚重的文化积淀。从崇尚粗犷到追求细腻，一点一滴，沉淀着生动的民间智慧。

吴忠市景区推荐

5A	黄河大峡谷旅游区
4A	盐州古城历史文化旅游区 哈巴湖生态旅游区 盐池革命历史纪念园 同心红军西征纪念园 牛家坊民俗文化旅游区
3A	吴忠博物馆 红山河工业旅游观光园 强家老醋文化养生园 宁夏移民博物馆 黄河坛 西鸽酒庄 青秀园市民休闲森林公园 董府景区 马长滩欢乐天地旅游区 盐池春雪文化园

利通·可为

滚滚黄河顺流而下，平缓温柔。滨河之韵碧水流波，婀娜多姿。这里有长河落日的壮绝，也有碧水映长天一色的翠丽；这里有薪火不息的传承，也有孜孜不倦的进取；这里是高端牛奶的黄金产区，也是五谷丰登的塞上粮仓；这里物产丰饶，瓜果飘香；这里华灯璀璨，流光溢彩。这里就是吴忠市利通区！

黄河流经吴忠市69千米，秦渠汉渠在吴忠交错，是引黄灌区的核心区域，水陆交通便捷成就了这里商贸集散中心之功能。

利通区，位于宁夏平原中部，偎依黄河东岸，是吴忠市政治、经济、文化中心。作为古丝绸之路的重要通道，区位优势明显，自古以来便是“天下黄河富宁夏”的菁华之地，享有“水旱码头”“商埠重镇”“天下大集”之美誉。如今，利通区是承接东南部产业转移的“黄金地”，是“国家农业产业化示范基地”，是“高端奶之乡”，是全国优质牛羊肉的主要产地。

一口“高端奶之乡”的鲜奶入口，口味并不只是新鲜二字能说得清，它鲜得绵绸，同时又蕴含着柔、香、甘、润，让人回味许久。从每头牛的精细养殖，到每一滴奶的极致追求，利通区将最新鲜、绿色、营养的牛奶送往世界各地。

利通区发展奶产业具有得天独厚的自然条件，不冷不热，日照充足，气候干爽，空气纯净，是国际公认的“黄金奶源带”。历经40多年的精心培育，形成了现代化的奶牛养殖和奶产业发展优势，奶牛存栏达到18.8万头，日产生鲜乳2500吨，为伊利、蒙牛、夏进等知名品牌源源不断提供着高品质鲜奶。

在这片大自然恩惠、百里飘香的沃土上，勤劳的人们日夜耕耘，造就了利通富硒大米的非凡灵性，造化之美与耕种之风的匠心独运，滋养出利通富硒珍米的一世香名。2016年8月，中国营养学会微量元素营养分会授予吴忠市“中国塞上硒都”荣誉称号。利通区已建成富硒粮、富硒果、富硒菜及富硒禽蛋核心生产基地22个，种植面积约14.3平方千米，认定富硒基地面积约10.3平方千米，开发出富硒大米、富硒果品、富硒蔬菜等20多种产品，享誉全国。

中国是茶的故乡，有着极为悠久的历史和厚重的文化，在利通区也有一种闻名全国的神奇之茶——八宝茶。热情好客的利通人，待客必冲泡一盅热气腾腾的八宝茶，那代表了他们的热情与尊重。泡茶的茶具由茶盖、茶碗、茶托三部分组成，称“盖碗茶”，盖为天，托为地，碗为人，称为“三炮台”。八宝茶古往今来被誉为古丝绸之路上的待客佳品。

大青葡萄

大青葡萄是宁夏特有的葡萄品种，具有地方特色的鲜食中晚熟葡萄品种之一，栽培历史悠久，以吴忠利通区龙二村大青葡萄最为出名。因其果粒大、果皮薄、果肉甜、多汁、含糖量高、有清香味、产量高而著称。

扁担沟苹果

扁担沟苹果是利通区的特产，全国农产品地理标志。扁担沟镇的土地肥沃，透气性好，吸热较强，有利于营养成分的积累，适合种植苹果树。扁担沟苹果的果实大，形状呈圆形或长圆形，肉质密、口感脆、汁液多，果实耐储性好。

利通区酱骨头

酱骨头是吴忠市利通区的一道特色美食，其肉鲜香嫩软，入口唇齿生香，令人一吃不忘。经常吃牛肉对身体也有很大的好处，可以有效补充身体所需要的营养物质以及多种矿物质等，而酱牛骨有一种独特的酱香味，十分美味。

宁夏红山河食品股份有限公司是依托原吴忠市红山河辣椒制品厂整合组建而成的股份制企业，经过不懈努力，公司已发展成为西北地区辣椒制品加工行业的领军企业，主营产品为干辣椒制品系列、火锅底料系列、辣椒酱系列。

红山河火锅底料

宁夏红山河食品股份有限公司是依托原吴忠市红山河辣椒制品厂整合组建而成的股份制企业，经过不懈努力，公司已发展成为西北地区辣椒制品加工行业的领军企业，主营产品为干辣椒制品系列、火锅底料系列、辣椒酱系列。

国强手抓羊肉

手抓羊肉是宁夏颇具代表性的一道名吃，因直接用手抓食而得名。“国强手抓”精选当地膘肥肉嫩、极富营养的盐池滩羊，煮熟后配上秘制的调味品，吃到嘴里软、嫩、鲜、香，肥而不腻，让人回味无穷。

杜优素羊杂碎

好的味道，源自坚持传统和用心制作。杜优素羊杂碎始于20世纪20年代，创始人杜万和将一碗羊杂碎变成每天早晨大多数当地人的首选，由此开启一天的幸福生活。历经传承人的不懈努力，杜优素羊杂碎在吴忠名气渐响，晋级为自治区级非物质文化遗产代表性项目。

早茶牛肉面

一碗牛肉面，热气腾腾，香气四溢；一盏八宝茶，香味醇厚，滋身养胃；一盘牛肉，肥瘦相间，嫩而不腻；十几样爽口小菜，还有别具特色面点，这就是吴忠人特有的早茶牛肉面。吴忠人一天的生活也是从“一碗牛肉面”开始的。

如今的利通区，人们的一天从“吃早茶牛肉面”开始，随意走进一家店面，你都会感受到浓浓的早茶文化：食客三两人一桌，泡一盏八宝茶，来一碟热气腾腾的牛肉，吃一碗筋道的牛肉面，再配几样小菜，谈工作生意，唠家长里短，会老友品美食，个个都是乘兴而来，满意而归。

利通区自古就是“水旱码头”，当地群众有吃早茶的传统。改革开放之初，拉面就在当地立足发展，拉面和早茶完美融合，成为如今颇具规模的“吴忠早茶”。目前，利通区有300多家早茶牛肉面馆，各具特色。早茶已不单单是一道饮食，它已经成为利通人的一种生活方式、文化交流方式，也是这座年轻而又古老的城市的一道独特风景线。

利通是好看的，绚丽多姿的夜景洋溢着生活的朝气；利通是好吃的，优质奶品的黄金产区流淌着生活的丰富；利通是好玩的，人与自然的和谐共处令人艳羡；利通是富饶的，勤劳的人民日夜耕耘在这片沃土上。利通未来可期！

精艺裘皮

精艺裘皮以“宁夏五宝”之一的“白宝”滩羊皮为原料，经二十九道生产工序精制而成。因其毛质细润、色泽光亮、温润如玉、毛穗自然成绺、纹似波浪，俗称“九道弯”，素有“轻裘”之美誉。目前，已开发出围巾、披肩、反穿马甲、褥子、床毯、靠垫等系列产品。

张寡妇黄酒

张寡妇黄酒是一种有百年历史的地方名酒，以酒液明亮、醇厚甘甜而著称。饮之沾唇，斟之挂碗，指触迅提竟能抽起缕缕黏丝，令人赞不绝口。当初，不仅誉满产地吴忠市，且名振陕西、甘肃、内蒙古等地，还曾远销中国香港、新加坡。

金积大缸醋

金积大缸醋是由食用谷物发酵而成的食醋，含有氨基酸等人体必需营养成分。醋色泽亮丽，集酿香、料香、醇香、酯香于一体，它的酸味纯正柔和、口感醇厚，是烹煮各种美味佳肴的精制调料。

红寺堡的黄色是黄花菜。它就像软黄金，在漫山遍野洒上浪漫，红寺堡日照充足、沙壤土地中微量元素含量高，是中国富硒黄花菜明星产区，这里的黄花菜色泽金黄色，肉质肥厚，均匀有光泽，蛋白质、钙、镁、硒含量都高于其他产区，吃着可口又营养，是拿来凉拌、煲汤的绝佳菜品。

红寺堡的紫色是葡萄。它像紫水晶，地处世界酿酒葡萄种植黄金纬度的红寺堡，成为采摘、休闲、度假胜地，擦亮“中国葡萄酒第一镇”的招牌。红寺堡区用黄河水浇灌罗山脚下66.67平方千米葡萄园，旁边坐落着数十家酒庄，产品连续4年斩获布鲁塞尔世界葡萄酒大赛大金奖。一瓶几百毫升的瓶装葡萄酒里，封存着黄河的壮美及罗山的巍峨。打开一瓶陈年佳酿，品味到的不仅是美酒，更有这里雄浑的山河气息。

红寺堡的红色是枸杞。它像红宝石，富硒有机的高端种植基地产好果，摘一颗鲜枸杞嚼食，鲜甜多汁，溢满整个口腔。干果则是泡水、烹调的好作料，有宁心安神、补肾益气、活血化瘀的保健功效。此外，面膜、浓缩汁等一系列枸杞精深加工产品，也丰富着枸杞的产品形态，产品远销30多个国家和地区。

红寺堡的绿色是罗山国家级自然保护区，为宁夏第三座大山和中部干旱带最大的水源涵养地，群峰叠翠，风光秀丽，素有“荒漠翡翠”“瀚海明珠”之美誉。罗山拥有珍贵树种的森林，近百种国家级、省级重点保护动植物稀有而珍贵，具有极高的保护、观赏和研究价值。

在这里，你可以欣赏到全国航空航天模型锦标赛，可以和“骑友”们在罗山脚下来一场山地自行车赛，还可以大啖雪花羊肉、畅饮葡萄美酒，让红寺堡区的原生态特产刺激味蕾、犒劳胃肠。

罗山缘聚八方人，黄河水富万顷田。朋友们，我们诚挚邀请您来到这里，共同感受“锦绣新灌区 魅力红寺堡”！

赵秀兰刺绣工坊

赵秀兰是赵氏刺绣第六代传承人，她在四个乡镇15个村建立帮扶站，为乡村振兴添砖加瓦，将乡村、社区、学校作为公益刺绣传承基地，在红寺堡区文化馆有扶贫就业工坊。她的刺绣作品深受大家的青睐，多次在国内外博览会展出。

同心县 [12]

一路同心·一路同行

在同心这片古老的土地上，深植着同心画圆、握指成拳的精神风范，从历史深处走来赓续至今。人们合力培植出的“红”“古”“绿”三色“旅游花”，如今瑰丽纷呈。

摄影/苏克文

同心县地处宁夏中部干旱带核心区，近年来，扎实推动生态文明建设，如今的同心大地，绿意盎然、天蓝水清，风电云海缭绕，生态美丽如画。

自埃德加·斯诺记录下“谢立全迎着朝阳、手举军号”的珍贵一刻开始，“抗战之声”便和《西行漫记》（又名《红星照耀中国》）一起，吹响了“红星照耀中国”的号角，激励着无数国人投身革命……

红色的同心从来就不缺革命的雄心与抗争的精神，“抗战之声”让世界第一次听见了中国的声音；1936年，在同心建立了陕甘宁省豫海县回民自治政府，也成为中国第一个红色民族自治政权，开创了我国民族区域自治的先河。

风云激荡的革命岁月，红军西征的不朽足迹，三军会聚同心城的丰碑……每一段历史都凝练成这片土地的精神图腾，铭刻着这座城市昂扬向上的精神。

同心县是唐蕃古道、丝绸之路必经之地，自古便是各族人民交往的融汇之处。下马关兵戈的碰撞、庆王行宫遗落的风音，连同康济寺千年仰止，都是一生的守候。

同心县还保留着许多非物质文化遗产，在位于县城的非物质文化遗产展览馆，展列着国家级非遗项目9项、区级非遗项目8项、市县级项目21项，共计628件（套），这些艺术瑰宝频频走上国内国际大舞台并获奖。泥哇呜、剪纸、刺绣……在同心非物质文化遗产展览馆，你能真切看到同心民间艺人制作的各种非遗产品，甚至还能现场欣赏制作全过程，直观感受同心县历史文化的丰富性、地域性及民族性。

中国枸杞看宁夏，高端有机枸杞在同心。依托富硒土壤、充足日照等得天独厚的自然条件，同心县出产的农特产品质高端，93.33平方千米有机枸杞集中连片种植基地连绵不绝，为这片曾经干涸的土地撒下一把嫣红的露珠。“娇容神曦映朝霞”，清水河两岸的盐碱土质和充足的日照赋予了同心枸杞无可替代的高品质。

同心圆枣是中国国家地理标志产品，具备了天然、绿色、无污染、有机无虫、果形大等特点，皮薄肉厚、质细松脆，果实富含多种维生素和微量元素，营养价值高，既可鲜食又可制干。经过晾晒的同心圆枣干果外形饱满、肉质松软醇香，是干枣中的上乘佳品，被誉为“旱塬上长出的红玛瑙”，如今全县种植达到53.33平方千米。圣峰万余亩圆枣基地，每年都吸引着成批游人观光采食，生态、经济价值俱佳。

同心圆枣被称为旱塬上长出的红玛瑙，果实近圆形，顶部小，果皮中厚，果面光滑，褶皱浅，口感好。圣峰圆枣先后荣获中国首届枣业大会金奖等，每一颗枣都经过人工层层把关挑选，个大饱满，高温晾晒，微波烘干，之后再挑拣分装。

同心旱塬圆枣

同心圆枣被称为旱塬上长出的红玛瑙，果实近圆形，顶部小，果皮中厚，果面光滑，褶皱浅，口感好。圣峰圆枣先后荣获中国首届枣业大会金奖等，每一颗枣都经过人工层层把关挑选，个大饱满，高温晾晒，微波烘干，之后再挑拣分装。

同心下马关菌菇

下马关镇引进宁夏闽宁绿丰农业科技公司，流转南安村集体土地0.3平方千米，新建改造103座栽培大棚发展平菇、秀珍菇、香菇等菌菇种植，年产菌包400万包、鲜菇3500吨，产值2800多万元，带动200多名移民村群众就近务工，人均增收26000元。

同心食用菌菇、芦笋、红葱等品质优良，还种有苦荞、糜子、谷子、荞麦等多种小杂粮，面积近百万亩，年产量超过3万吨，被农业农村部认定为无公害农产品产地和绿色食品基地。这些长在大山深处的小杂粮富含硒、脂肪、蛋白质等营养物质，有降低血压、血糖、血脂的食用功效。

体验同心美食，黄米黏饭是一道不容错过的特色美食，在外地城市很难寻味。配上米椒韭菜、酸菜、肉辣子等佐料，将黄米黏饭嚼得鲜香四溢，胃里热乎乎的，十分过瘾。主料黄米，就是本地作物糜子的果实，粒大饱满、色泽艳丽，品质优良营养高。

花样纷繁的小杂粮触手可及，同心巧妇得以烹饪出荞面搅团等多种特色美食，并将肉质鲜嫩的牛羊肉、晶莹剔透的紫葡萄等农特产品端上饭桌，任由远方客人前来品尝。

在同心，随便走进哪条街巷，都有可能和美食不期而遇。有人用油香抚慰心灵，有人用汤碗填充肠胃，有人对馓子爱不释手，有人把碗蒸羊羔肉称之为美食招牌……从早晨到黄昏，同心美食星罗棋布，任由味觉驰骋。

上图 **同心清炖羊肉**

同心清炖羊肉的特色是口味清淡宜人，将羊肉和盐、姜等配料一同放入碗中小火熬制。而羊肉肉质细嫩，容易消化，高蛋白、低脂肪、含磷脂多，胆固醇含量少，最适合秋季食用。

下图 **同心火烧子**

同心的牛肉火烧色泽金黄、层次清晰、脆而不碎、油而不腻，香酥适口。馅料用最新鲜的牛肉，剁碎配以葱、调料，再用面皮包起来，捏成密封的形状轻轻拍扁，用植物油煎熟，让人回味无穷。

◀◀◀

袅袅升起的香味辉映着晚霞，街道里悠扬的美食风情，充满着妙不可言的活力。喝一碗热气腾腾的八宝茶，感觉人世间的快乐与痛苦，得到与得不到，似乎都可以瞬间忘记。喝八宝茶一定要放一颗炉火烧过的同心圆枣才更有滋味哦！

同心，一声号角，就会激荡起红色故事道不尽的血脉偾张；一首诗，便会涌动人民诗意生活的幸福回眸。

而如今，站在“两个一百年”的历史交汇点，栉风沐雨，是传承，也是根基；满山翠绿，是生机，也是希望。

百年恰是风华正茂，一路同心，一路同行。

文冠果茶

下马关镇种植文冠果面积约13.33平方千米，在三山井村建设文冠果代用茶生产车间一座，借助“闽宁协作”平台，结合福建“铁观音”绿茶工艺，制作具有“同心”特色的文冠果代用茶，年产文冠果代用茶绿茶20吨。目前，下马关文冠果产品有绿茶、红茶、八宝茶三大系列，还有文冠果化妆品等配套产品。

下马关芦笋

下马关镇引进宁夏驰马聚丰农业科技公司，在窨坑子村流转土地1.33平方千米，建成芦笋无公害种植基地1座，分拣、冷冻车间2000平方米。2021年以来，芦笋达到盛产期，亩产毛笋达1200千克，年效益超700万元。

塞上耀明珠·秀美青铜峡

天下黄河富宁夏，塞上明珠青铜峡。九曲黄河穿境58千米，造就了青铜峡丰美的体态、多彩的魂魄。早知塞上江南，何恋江南美景。因河而兴、因水得名的青铜峡，是塞上江南绚丽画卷中最美的一抹亮色。

世界灌溉工程遗产名录 摄影/徐胜凯

青铜峡位于宁夏平原中部，是黄河上游最后一道峡谷，宁夏引黄古灌区的菁华地带。2017年10月10日，在墨西哥召开的国际灌排大会上，宁夏引黄古灌区正式被列入世界灌溉工程遗产名录。

九渠之首，沃野千里。引黄灌溉润泽千年，将鱼跃鸟鸣、瓜果盈枝、稻菽飘香、田畴膏腴的青铜峡，定格在悠悠的历史长河中，成就塞上明珠的美名，传颂四方。

产自塞上江南引黄灌区精华地带的大米，蕴藏着青铜峡人对故土的悠悠深情。“田家少闲月，五月人倍忙。”插秧季的叶盛镇地三村，勤劳的人们满怀喜悦，将鲜绿的秧苗插入充满希望的水田中，期待着秋天再次相遇。

滔滔黄河水，滋养了肥沃的土地，也为稻米的生长注入了活力。从青翠欲滴的秧苗到晶莹剔透的米饭，一粒粒稻种在塞上平原母亲般的怀抱中完成华丽蜕变。

在青铜峡，稻米的种植历史悠久，据史料记载，清康熙年间，地三大米就曾供给宫廷，自此“地三贡米”名扬天下。灌区田园，优质稻种，精耕细作，使得地三稻米颗粒饱满、口感油润、营养丰富，堪称“米中极品”。一碗地三米，浑忘酒肉香。这是地三贡米的特质，更是浓郁乡情所在。

轻咬一口皮薄多汁的连湖西红柿，儿时的记忆在唇齿间徘徊。得益于种植地土壤肥沃、有机质含量高，排灌便利、日照充足、昼夜温差大等自然条件，一株秧苗开花结果自然生长期近130天，整个种植过程不催熟、不打药，每天超过13小时日照，积聚了非常充足的糖分，皮薄肉厚、果肉饱满、清甜可口，吃起来浓郁多汁，生吃口感最佳，因此也被称作水果番茄。

连湖西红柿的美味，得益于青铜峡得天独厚的土壤环境，更源自农户们的精心培育和辛勤劳动。这座已有六十多年历史的农场，接纳了一批又一批移民群众，见证着他们用勤劳的双手，种出希望，收获甜蜜，让这片土地焕发出勃勃生机。

大豆，在能工巧匠的手里，变幻成各色美味佳肴；在现代工艺下，淬炼出神奇的成分。塞上明珠，黄河西岸，一粒黄豆的奇妙旅程正在上演。地道的风味，浓郁的口感，带我们一起还原记忆里的美味。

一口筋道的素肉，一块喷香的豆干，源自青铜峡的独特味道，打造出第九菜系的全新概念，搭上网络电商的快车，铺就全国商业销售网络的宏伟版图。

青铜峡地三贡米

青铜峡市叶盛镇地三村，地处黄河金岸，土壤含硒量高，种植水稻历史悠久，在《宋史》中即有“其地饶五谷，尤宜稻麦”的记载。地三贡米是“白皮大稻”所加工的精米，光映半透，粒腴丰盈，视为珍品。

青铜峡法福来面粉

法福来产品荣获“中国绿色食品畅销产品奖”、中国绿色食品博览会“金奖”“宁夏好粮油产品”，“法福莱”富硒雪花面粉、蟹稻香大米、高筋挂面、富硒大米等产品销售不仅覆盖西北，还销往京、津、蒙、晋、川、粤等十多个省（市、区）。

连湖西红柿

连湖西红柿是青铜峡地区农业发展的一面旗帜，色泽亮丽，硬度高，萼片开张，皮薄可口，鲜食美味，深受消费者的喜爱。连湖西红柿含有丰富的维生素、矿物质、碳水化合物、有机酸及少量的蛋白质等，被评为全国名特优新农产品。

贺兰山阙，藏兵古城，四季风呼啸而过，却又温柔地滋养着这片腹地，孕育出紫色的精灵，幻化成独具神韵的佳酿。来自贺兰山东麓的玉液琼浆——青铜峡葡萄酒，在鸽子山、甘城子产区焕发出更绚丽的色彩。每一条藤蔓都被精心修剪，只留下长势喜人、颗粒饱满的葡萄。适宜的昼夜温差，夏夜中凝结的晶莹露珠，让大青葡萄成了被月亮“晒熟”的甜蜜果实，每一颗，都甜到心头，醉到心里。

青铜峡市酿酒葡萄种植面积达79.33平方千米，形成甘城子黄金产区、鸽子山中法葡萄酒酒庄集群示范区和广武产区3个特色产区，年产葡萄酒2万吨，累计建成酒庄20家，认定列级酒庄7家，打造葡萄酒品牌68个，累计荣获巴黎、布鲁塞尔、品醇客等国内外各类葡萄酒大赛奖项158项，全年实现葡萄酒综合产值达40亿元。

青铜峡葡萄酒，让人见之，赏心悦目；嗅之，幽雅细腻；品之，沁人心脾；忆之，余韵无穷，这是土地的血液、阳光的灵魂。每一瓶佳酿，都是天时地利人和的完美融合。每一口回味，都是酿造者的精致与用心。浓郁的宁夏风味、青铜峡风土，令世界葡萄酒界刮目相看。

连绵起伏的山，奔腾不息的河，日暮朝阳，花开花落，都在这片土地上各自安好。这里是乡愁归宿，舌尖天堂，有装满一座城的烟火气。这里有城市的繁华热闹，也有黄河之滨的悠闲惬意，是安放心灵的家园。

一城山水，遍地华彩。如今的青铜峡，看似一幅画，听像一首歌。在这片热土，一代代青铜峡人，以勤劳、汗水和智慧，盘活山水，耕耘幸福，在新时代的伟大征程中，焕发夺目光彩。

枸杞饼

宁夏枸杞饼，精选优质枸杞，融合传统工艺与现代技术，制成美味糕点。外观金黄诱人，口感酥脆香甜。枸杞的营养融入其中，具有滋补养生之效。无论是作为茶点还是礼品，宁夏枸杞饼都独具魅力，让人回味无穷，是美食爱好者不容错过的佳品。

老苗月饼

“老苗”月饼有苏式、广式、潮式、鲜花、水果、杂粮等系列月饼，共17大类，180多个品种。精选上等原料，采用传统配方，融入现代工艺，保持了传统风味。“老苗”荣获中国驰名商标、全国百佳农产品品牌、宁夏老字号、宁夏优品等多项荣誉。

滩羊之乡·扛硬盐池

盐池县，宁夏东大门。盐池县文化旅游产业持续发力，全产业要素不断丰富完善，宁夏东部旅游环线核心作用日益凸显。依托“红老区、古长城、绿盐池”为主的优势资源，一个宁夏东部旅游快速崛起的盐池故事正在讲述。

盐池滩羊

盐池滩羊吃的是盐池草原上的175种牧草和中药材，喝的是盐池草原上的弱碱水，所以盐池滩羊肉非常细腻，鲜嫩，不膻不腻，具有高蛋白、低脂肪、含磷脂多的特点，是公认的优质羊肉，入选中国农业品牌目录，荣获了中国农产品百强标志性品牌。

盐池人用方言说“俺们盐池人，扛硬得很”。“扛硬”是盐池百姓经常挂在嘴边的一句话，每个人都对“扛硬”有自己的理解，做着自己的解读，有人说“扛硬”是坚韧不拔，奋勇当先；有人说“扛硬”是高掌远跖，断而敢行。盐池之所以是宁夏第一个解放的县、第一个实现人进沙退历史性转变的县、全国脱贫攻坚先进县，都与“扛硬”这种精神品质有关。

革命老区盐池县1936年解放，是宁夏经历过土地革命战争、抗日战争、解放战争3个革命历史阶段的一个县。13年的革命历程中，盐池县为保卫陕甘宁边区、支援边区经济建设、发展边区民主政治，做出了巨大贡献。

盐池县有“中国露天长城博物馆”之美誉。境内隋、明长城4道共259千米。史料记载，在全国万里长城众多关隘中唯一以“长城”命名的关口即是明代修建于盐池县的“长城关”。盐池长城保存相对比较完整，雄浑的大漠、碧绿的草原、蜿蜒盘旋的古长城，每年都吸引众多的摄影、徒步、自驾、研学等爱好者前来“打卡”体验。

G20杭州峰会，让世界尝到了盐池的鲜味。如今，“盐池滩羊”已经四上国宴，被誉为羊肉中的顶流。盐池滩羊吃的是盐池草原上的175种牧草和中药材，喝的是盐池草原上的弱碱水，所以盐池滩羊肉非常细腻，鲜嫩，不膻不腻，具有高蛋白、低脂肪、含磷脂多的特点，是公认的优质羊肉，入选中国农业品牌目录，荣获了中国农产品百强标志性品牌。“盐池滩羊”品牌效应日益凸显。

盐池盛产的咸盐、皮毛、甜甘草和小杂粮为中国革命的成功提供了重要的物资保障。毛泽东主席曾经指出，定（边）盐（池）是边区的经济中心。盐池元华工厂当年为边区干部和前线战士，制作了大量衣胎、被胎、毡帽等军需物资。如今，元华工厂的旧址，已经成为非遗项目手工地毯和二毛皮的生产地，一方纯羊毛地毯，需要花费几个月才能编织完成。这种纯手工的制作方式，从1943年元华工厂建厂，一直沿用至今，当年它们支援了抗战，如今，它们成了盐池最具代表性的旅游商品。

盐池滩羊肉

滩羊因其特殊的生长环境，羊肉色泽鲜红，脂肪乳白，分布均匀，含脂率低。肌纤维清晰致密，有韧性和弹性，外表有风干膜，切面湿润不沾手。肉质细嫩，不膻不腥，是公认的优质羊肉。

盐池荞麦面摊馍馍

荞麦面摊馍馍是盐池的传统特色小吃，将糁子荞面和成硬面团，再加上冷水用手反复揉成稀糊状，把锅烧至七八成热，抹上清油，再用勺子把面糊均匀地摊在锅里，烙熟后即可吃。

盐池过桥饸饹面

盐池的饸饹面，又叫床子面。其汤是用热油把干辣椒面和萝卜切成的小丁儿炒出香味，放入葱、蒜、姜、大香等调料再炒一下，最后下肉丁炒熟备用（俗称“臊子”）。等到面煮熟后捞出来，用清水过滤后，浇上提前做好的汤，就可以食用了。

盐池羊肉臊子饸饹面

羊肉臊子饸饹面是盐池最为普遍的一道面食，饸饹面筋道爽滑，吃了让人口齿留香。一碗浓香的羊肉饸饹面足以抵御彻骨的寒风，一碗筋道的羊肉饸饹面足以缓解饥肠辘辘，一团沸腾的热气足以唤起心底的暖意。

盐池荞面饸饹拌面　摄影/张民

饸饹面是盐池的传统面食，吃着筋滑利口，操作简便，速度快，非常适合大一点场面的集体就餐。同时，饸饹的臊子加入用纯羊油熬制的辣椒和百年老锅汤及新鲜味美的羊肉，辅以八角、茴香、辣椒、胡椒、肉桂、葱花、枸杞等十余种佐料，吃起来味道鲜美，香而不腻。

盐池荞面搅团

盐池荞面搅团，是一种乡土民俗美食，筋道味美。适量荞麦面加一定比例的盐水，搅拌至稀软，揉成较小块精软光滑的面团，并使之直接落入已经滚沸的水锅中。煮熟后捞出拌上植物油，加上用肉丝、葱花等调制的鲜汤菜，佐以蒜片或蒜末，即可食用。

盐池咸盐

盐池县以盛产池盐而得名，古称盐州、盐川郡、花马池等，都和境内多盐湖有关。盐湖位于惠安堡镇政府西南2千米处，分南、北、中三个湖，由水注入盐田后，靠自然日晒蒸发而成盐。盐湖产盐硝大，味微苦，主要用于工业生产。

盐池小杂粮

盐池县地理位置独特，空气洁净无污染，是很好的绿色杂粮生产基地。这里种植的杂粮颗粒饱满、品质优良。当地龙头企业经过多年生产研发，生产出的各种系列杂粮产品不仅外形美观、口感好，而且营养丰富，深受广大消费者喜爱。

盐池二毛皮

作为宁夏传统“五宝”之一的“滩羊二毛皮”久负盛名，为“轻裘”之冠。滩羊二毛皮皮板薄如厚纸，不仅坚韧柔软，而且非常轻便，毛质细润，洁白如雪，光泽如玉，毛穗自然成绺。主要产品有二毛皮马夹、抱枕、床上用品，服饰等。

盐池原野蜂蜜

以天然野生植物甘草、老瓜头、苦豆、枸杞等优质蜜源为主，还有大量的洋槐、枣花、荞麦、苜蓿、葵花、党参等蜂蜜，拥有666.66平方千米优质蜜源养蜂基地，出产的蜂蜜质量优良、味道纯正、气味芳香。

盐池县如今已培育了山逗子、对了、山野香等小杂粮深加工企业10余家，年生产加工能力1.2万余吨，年产值超过2亿元，产品主销河北、天津等地，还外销到日本、韩国等国家。

盐池天然草场上生长着各种优质牧草，矿物质元素含量达40多种。这种特殊土壤、水质条件适合以老瓜头为代表的天然沙生植物的生长，是优良的蜜资源。盐池蜂蜜从外观看，呈浅琥珀色，蜜液浓稠，气息芳香，结晶后呈乳白色。盐池蜂蜜是一种营养丰富的天然滋养食品，也是最常用的滋补品之一。

黄花又名黄花菜、金针菜、忘忧草，它味鲜质嫩，含有胡萝卜素、蛋白质等多种营养物质，具有清脑益智、消肿利尿等多种药用价值。盐池县黄花菜具有悠久的栽培历史，大约在200年前，当地惠安堡镇的农民就开始引种栽植，对于护堰和水土保持起到过积极作用。如今，盐池黄花菜种植达到了13.33平方千米，年产量500多万千克。

白池青草古盐州，风光不与旧时同。昔日沙化严重的土地，如今变成了绿杨著水的青青草原；昔日支援边区的革命红羊，如今变成了让盐池人民率先脱贫的致富金羊；昔日甜甘草闻名边区，如今富硒黄花菜搭上闽宁合作的快车，享誉全国。

这是盐池的故事，但不是全部的故事，这里还能触摸栉风沐雨的隋明长城，仰望流光溢彩的璀璨星空……

来吧，让我们一起品最纯的酒，尝最鲜的肉，一起在盐池草原策马扬鞭，不负“扛硬”，不负卿。

盐池羊肝凉皮

高万平胖子凉皮店始创于20世纪90年代，高万平跟随父母学习制作凉皮的工艺，创立了自己的品牌——胖子凉皮。30年的传承，16道精细工序，经过努力，高万平把胖子羊肝凉皮做成了远近闻名的盐池小吃。

第四章 固原市

清凉六盘　红色固原

固原是丝绸之路和长征路上的特色旅游目的地，是一座用历史文化与现代智慧书写梦想的城市。厚重悠久的历史积淀成就了这方沃土，底蕴深厚的文化孕育了多彩丰富的旅游资源。

固原处在中原农耕文化和北方游牧文化的交会处，是丝绸之路东段北道必经之地，是历史上西北地区的经济重地、交通枢纽和军事重镇，也是中西方商贸、文化的交流融合之地。

“左控五原，右带兰会，黄流绕北，崆峒阻南，据八郡之肩背，绾三镇之要膂。”“回中道路险，萧关烽堠多。”古人这样描述固原重要的地理位置。独特的自然环境，险要的地理位置，给这片土地上留下了许多精美绝伦的文化遗存，造就了固原如同繁星般的风景名胜。

行走固原，各种名胜古迹星罗棋布。战国秦长城，固原古城，边塞萧关，无不见证着这里的人民前赴后继、生生不息的历程；悠悠泾河水，巍巍六盘山，会师将台堡，无不彰显着这座城市豁达包容、璀璨辉煌的魅力;阵阵驼铃，猎猎红旗，非遗传承人的神韵风骨，无不诉说着这座城市既遥远又现代的故事。

海拔1450～2500米的固原，生态适宜，环境优美。固原高原冷凉的气候，使得蔬菜成长非常缓慢。日月星辰的照拂，使得固原的冷凉蔬菜清香甘洌，甚至生吃起来口感都非常好。得天独厚的自然条件成就了固原冷凉蔬菜这一独特的地域性产业，被誉为“中国冷凉蔬菜之乡”。固原冷凉蔬菜已经是消费者特别钟爱的蔬菜宠儿，固原也成为粤港澳大湾区精品叶菜主供区之一，40个小时，就能从菜地直达广州餐桌。

固原城区 摄影/徐胜凯

固原南连陇南、汉中，北接银川平原，向东与关中大地隔山相望，西连整个河西走廊，是沟通东西、连接南北的重要战略枢纽城市。

固原柳林柴火鸡

正宗的西餐牛排，对牛肉品质的要求非常高。固原黄牛的肉质樱红，脂肪呈雪花状，是国家地理标志产品。六盘山地区冬无严寒，夏无酷暑，为黄牛成长提供了得天独厚的条件。固原黄牛好，就在于它的基因品种好、饲草料好、生态环境好。经过标准化、科学化的养殖，固原黄牛的肉质细嫩、味道香美，深受消费者的信赖。

生长在六盘山下的紫花苜蓿和青贮玉米是固原最优质的饲草，也是优质肉品的保障。经过检测，固原黄牛肉谷氨酸含量达到37.85毫克/克。丰富的矿物元素种类和0.07毫克/千克的硒含量，对人体具有极强的保健功能，是牛肉中的精品。

得益于高原绿岛的滋养，更多的固原优品走向市场。绿色已经成为固原发展最重要的底色。当地无污染农作物制作的荞面条、豆面糊糊、搅团、撒饭、碗蒸羊羔肉、牛排、油饼、油果子、馓子、蒸鸡、暖锅等，让游客称赞不绝。

固原独特饮食文化造就了固原美食的鲜明特色，酸辣可口的羊肉炒面片、风味独具的荞麦饸饹、回味幽香的手抓羊肉、口感独特的燕麦揉揉及鲜美爽口的凉拌野生蕨菜、苦苦菜等绿色美味为美食爱好者提供了多样的选择，形成了一道亮丽的风景。

春赏醉美花海、夏享爽爽清凉、秋观层林尽染、冬品水墨画卷，四季六盘的风景盛宴，吸引游客争相竞往。盛夏的固原，是大家不能错过的避暑休闲胜地。平均气温19℃，置身此间，凉爽的感觉渗透全身，山风吹过，把烦恼一并都带走，沐浴在这富氧的青山绿水之间，来一场惬意的康养之旅。

固原是一座拥有两千多年肆城史的古城。身在其中，方能感受到其人文历史的厚重。走走看看，方才领略其自然景观的独特与美丽。固原是一个值得你深度旅行的地方。无论你是走走停停自驾旅行，还是久居这里避暑康养，固原都能全方位地满足你。

无论是千山叠翠还是飞瀑流湍，是奇险峻秀还是清潭如许，总能找到水所赋予这里的灵秀与神秘。丝绸古道上的阵阵驼铃，非遗传人手下的神韵风骨，那些历经岁月沉淀的智慧与精妙，在时代更迭中，被善于保护的固原人留存下来，成为了新时代固原生命的一部分。

脚下这片热土，是中国工农红军第一、二方面军胜利会师的地方，这里既是二万五千里长征的胜利结束地，也是新时代长征路的出发地，“不到长城非好汉”的革命精神始终鼓舞着奋进中的六盘儿女……

电视剧《山海情》里的奋斗拼搏已经化成现实，红色基因根植的这片土地，正吸引越来越多游人争相竞往，目睹这里山川换颜的发展盛景，聆听这里水土重生的伟业长歌。

固原市景区推荐

4A	六盘山国家森林公园 六盘山红军长征旅游区 宁夏固原博物馆 须弥山旅游区 火石寨国家地质公园 将台堡红军长征会师纪念园 隆德县老巷子民俗文化村
3A	老龙潭景区 西吉县龙王坝村景区 彭阳县博物馆 彭阳县金鸡坪梯田公园 彭阳县茹河瀑布景区

丝路重镇·魅力原州

固原市原州区文化底蕴深厚、民风质朴淳厚、历史源远流长，是中国远古文化的发祥地之一。举世闻名的古丝绸之路横跨全境，孕育出独特的人文环境，形成原州人民吃苦耐劳、诚实淳朴、开放包容、兼收并蓄的精神特质。

全国乡村旅游重点村寨洼村 摄影/李光荣

原州区地处“高原绿岛”六盘山脚下，河川乡寨洼村等8个村被评为全国乡村旅游重点村、美丽休闲乡村。

▶▶▶

“平川落照连秦苑，古道炊烟覆驿楼。”明代诗人胡安将500多年前原州的形象封存在诗句里。

原州区传承发扬优秀文化传统，着力打造“丝路重镇 魅力原州”文化底蕴，积极创建全域旅游示范区。“中国冷凉蔬菜之乡”“中国诗歌之乡”等亮丽名片，更是彰显出文化旅游城市的无限魅力。

巧夺天工的古建筑模型，惟妙惟肖的泥人工匠，精美大气的牡丹吊柱、栩栩如生的盘龙柱……在原州区走进东岳山脚下的大原古建筑技艺传承基地，一件件精美绝伦的传统古建筑作品浓缩了千年技艺，吸引众多游客前来观赏，令人流连忘返、叹为观止。

原州古建筑技艺自清末以师徒传承的方式延续至今，已经传至第五代，有28位传承人。通过这些能工巧匠的手，从模型到实体建筑，原州区现存的财神楼、民宅、魁星楼、固原古城墙、城隍庙、宁远塔等大量古建筑都在向后人展示着能工巧匠的巧夺天工，也诉说着原州区灿烂辉煌的历史变迁。

原州大原古建筑技艺传承基地以弘扬传统文化和古建筑的传承与保护为宗旨，以古建筑的传承、保护、修缮和施工为己任，从事古建筑的保护与技艺传承。对一些消失的古建筑以模型的方式进行复原，同时，传承基地开发出以古建筑、传统构件、传统木制工艺品及红色文化为主题元素的旅游产品，并已陆续投放市场。

初夏，原州区彭堡镇万亩冷凉蔬菜绵延成海、漫无边际，时时传来沙沙的喷灌声，水雾中可见一群群裹着彩色头巾的妇女忙着收割蔬菜的身影。而走进位于彭堡镇的宁夏固原国家农业科技园区草莓采摘大棚，一垄垄翠绿的植株间，随处可见鲜红娇嫩的草莓。几位游客提着小篮子正在精心挑选娇艳欲滴、红彤彤的成熟草莓，大家走走停停，一边采摘，一边拿出手机记录这开心的瞬间。

原州区认证的无公害产品、绿色产品、有机食品，成为粤港澳大湾区乃至东南亚地区居民餐桌上的优质安全菜品。受其绿色有机、环保无公害的果蔬品质吸引，蔬菜园区也成为固原市及周边县区群众休闲度假的好去处。

彭堡镇姚磨村冷凉蔬菜

摄影/陈幸福

姚磨村冷凉蔬菜露地蔬菜主要种植菜心、西蓝花等，设施蔬菜主要种植草莓、火龙果、西瓜、小番茄等。冷凉蔬菜品质纯正，后味甘甜，从田间到餐桌，确保安全健康，从小篮提卖到冷链物流，追求高效便捷。

■ 摄影/陈幸福

“南味居”水晶饼

水晶饼用上等优质的板油、优质面粉、自种绿色玫瑰等原料加工而成，每一道工序都非常考究，纯手工制作，从而实现外皮酥软、内里细腻的口感。以金面银帛、起皮掉酥、凉舌渗齿、清香适口、入口即化而驰名。

荣味斋浆水鱼鱼

浆水鱼鱼是地方小吃，在炎热的夏天，来一碗浆水鱼鱼，酸香可口，使人食欲大增。浆水鱼鱼一般有2种，玉米面和一般淀粉，可热吃也可凉吃。浆水鱼鱼特别适宜夏季，可缓解夏季的躁热，酸辣爽口，是夏季提升食欲的佳品。

原州民间古建筑营造技艺

固原传统民间建筑营造技艺是以传统土、木、砖、瓦、草为主要材料，采用北方传统匠作做法的民间营造技艺，是研究六盘山地区民间建筑文化的重要内容。古建筑作为一种文化精神的载体，具有非常重要的历史文化价值。

固原金糜子酒

原州金糜子酒源于清朝，兴于民初，丝绸古道上有广传“才过瓦亭驿，又饮杨郎酒”之佳话。“金糜子系列”白酒是以大曲为发酵剂酿造而成的浓香型白酒，酒质醇厚、香味浓郁、绵甜净爽、回味悠长、质好而风味独特。

原州区中河乡潘家庄农场高品蛋鸡产业园里，一排排标准化的养殖厂房让人眼前一亮。室内喂养设备先进，全部配备了自动上料机、喂水机、自动刮粪机、抽风机等现代养殖设备，透过参观通道的玻璃，可以看到产业园里饲养的蛋鸡在一旁休息，鸡蛋整齐有序地摆放在架子上。产业园项目建成200万只产蛋鸡园区、60万只青年鸡园区、蛋品分级及精深加工区等。目前，产业园日产蛋约50万枚，鸡蛋安全、健康、优质、无公害，除供应当地和周边县区市场外，还销往上海、北京、深圳等地，是京东、华润万家、苏果等全国性零售商及万豪等高星级酒店的重要蛋品供应商。

清光绪二十八年（1902年），曹泰在固原杨郎镇创办酒坊，字号“永兴成”，通称“北烧锅”。得益于六盘山地区独特的气候、清冽甘甜的优质井水，以当地特产红黄糜子为原料酿造的糜子酒，酒液清澈透明，米香清雅，浓郁醇厚，饮后甘爽味长，头不疼、口不干，有着“风来隔壁三家醉，雨过开瓶十里香”“才过瓦亭驿，又饮杨郎酒”的美誉。

一杯不变的老味道，沉淀的是百年之久的醇醇酒香，原州区曹家五代人专注于一味好酒的匠心从未改变。金糜子酒采用“老五甑”古法酿造工艺，上应天时，下合地利，“糜香青茬槐瓢曲”成为金糜子酒香之源，每年重阳开酿，9次轮回翻窖，总发酵期恒定为90天，每滴酒都是“人酿一半，天成一半”。发展至今，金糜子酒业已经成为固原市唯一一家百年企业，曾先后进行了3次大的技术改造和扩建，使公司发展成为现代化酿酒企业，产品远销全国20多个省市。

金糜子酿酒工艺已被列入市级非物质文化遗产名录，成为固原市酿酒行业对外宣传的一张特色名片。近年来，原州区大力发展古法酿酒工艺参观游、酿酒师体验游等特色旅游项目。能够亲身体验一把古法酿酒工艺，捎带几瓶馈赠亲友的“伴手礼”已经成为来固原旅游的时尚之选，金糜子酿酒基地也成为四方游客来固原的“打卡”地之一。

来到原州，不仅能够倾听悠久的历史回响，感受穿越千年的丝路文化，还能追忆往昔红色峥嵘岁月，与古建技艺来一场指尖的邂逅，与地道的原州味道来一次舌尖之旅。

原州区宋洼村藜麦

宋洼村藜麦产于原州区张易镇，生长在海拔2100~2600米的地方，是一款高蛋白碱性食物，胚芽占种子的30%，且具有营养活性。“宋洼村”藜麦的蛋白质含量高达12%，富含多种氨基酸，其中有人体必需的全部9种氨基酸，比例适当且易于吸收。

千年古县·文化隆德

隆德位于六盘山下西麓，东望关陕，西眺河洮，南走秦州，北通宁朔；襟带秦凉，拥卫西辅，有“关陇锁钥”之称，也是古丝绸之路东段北道重要的驿站。

隆德老巷子 摄影/陈锦凯

老巷子是隆德县深入挖掘当地人文历史、民俗特色、建筑风格等元素，整合资源，着力推进文化旅游产业发展的精品成果。

这里，有原汁原味的田园风光；这里，上演着纯朴浓郁的乡风民俗；这里，青山绿水间寄托着游子的乡愁；这里，“耕读传家”得以传承千年；这里，就是集“中国现代民间绘画画乡”“中国民间艺术之乡”“中国书法之乡”“中国文化先进县”“中国社火之乡”“全国休闲农业和乡村旅游示范县”“国家园林县城”“中国人居环境范例奖”“中国避暑休闲百佳县”等多个殊荣于一身的美丽县城——隆德县。

或许你对隆德县还有些许陌生，但你一定对天高云淡的六盘山早有耳闻。1935年10月7日，毛泽东主席率领中国工农红军，翻越了长征路上的最后一座大山——六盘山。因此，六盘山也被称为“胜利之山”。每当登临六盘山，缅怀革命先烈，重温伟大的长征精神，胸中总是荡起走好新时代长征路的奋斗激情。

如果说红色是六盘山的灵魂，那么绿色就是六盘山的容颜。隆德是中国百佳富氧县。全年空气质量指数优良，气温舒适，是避暑消热的绝佳之地，怡人的自然环境，一定会让你神清气爽、流连忘返。

山水为表，文化为里，隆德，浸润在千年传统文化中。

在隆德，家家贴对联，户户挂中堂，一笔翰墨将隆德的文化气质书写得淋漓尽致。县域内有非物质文化遗产项目50多个，其中杨氏泥塑、魏氏砖雕、高台马社火被列入国家级非物质文化遗产代表性项目名录，民间绘画、刺绣、剪纸等11个项目被列入自治区级非物质文化遗产保护项目名录。千年的文化遗存，给隆德蒙上了一层神秘的面纱，她正殷切地等待着四方宾朋掀起她的面纱来。

魏氏砖雕是国家级非遗代表性项目，隆德工匠在青砖之上雕作，惟妙惟肖，是一门巧夺天工的建筑雕刻艺术。同样作为国家级非遗代表性项目的杨氏泥塑，给泥土注入了生命和灵魂。每一件泥塑作品都形态各异、栩栩如生，是隆德人民智慧和艺术的结晶。

隆德古方酿醋

隆德古方酿醋比起其他的醋，有一个独特的点就是香气独特。颜色清亮 ，酸味柔和、香而微甜，且久存其质不变，还会更加香醇。

六盘源暖锅

隆德暖锅以白萝卜片为主，配以豆芽、粉条、豆腐、红萝卜等，盖面子，即暖锅上面一层是过了油的五花肉。暖锅已成为一道地方特色小吃，一年四季皆宜，但冬季吃更增添一份温暖和情趣。“围炉聚炊欢呼处，百味消融小釜中”，一家人或亲朋好友围坐，大快朵颐，好不惬意。

国家级非物质文化遗产砖雕

魏氏砖雕是由古代的瓦当、画像砖发展而来，大多作为大宅院的厅堂、照壁等建筑的装饰，在隆德县山乡的每一个村庄里，你都能看到这些精美的艺术品。

金丝银线刺绣

隆德地处六盘山区，历史悠久，文化底蕴深厚。隆德民间刺绣俗称“针线”，是当地勤劳、智慧的各族妇女通过母女相传、邻里相授传下来的民间工艺，具有浓郁的乡土气息，深受当地人民群众喜爱，并广为流传。

隆德秦腔

隆德秦腔宽音大嗓，直起直落，既有浑厚深沉、悲壮高昂、慷慨激越的风格，同时又兼备缠绵悱恻、细腻柔和、轻快活泼的特点，凄切委婉，优美动听，为广大群众所喜爱。

隆德高台马社火

马社火顾名思义，就是在马背上演出的社火，是六盘山区群众根据居住的地形、地理特点和条件，借助畜力而创造的一种传统民俗文化艺术形式。其中，以国家级非物质文化遗产项目——隆德县的高台马社火最具有代表性。

一

隆德神龙六盘中药材

宁夏六盘山是一座“高原绿岛”和“天然药库”，境内分布有主要药用植物90科618种，是宁夏乃至西北地区道地中药材的重要产地。隆德县地处六盘山核心区，是科技部批准的“中药现代化科技产业基地”之一、是宁夏唯一的“优质中药材基地县”。

有中国民间艺术活化石之称的隆德马社火，集剪纸、扎花、造型、彩绘等多种民间艺术于一体，雅俗共赏，寓教于乐，它承载着厚重的隆德文化和人们对美好生活的向往!

千年隆德城，百年老巷子。这里是中国传统村落，在老巷子与时间对话、与历史作伴，寻找都市中难以遇见的恬淡与静谧。

一村一品，独具特色。隆德民间传统工艺和乡村旅游紧密结合，助推了乡村振兴。隆德的古方酿醋工艺已经传承了400多年，用小麦、糜子、大豆作为原料，经过制曲、煮颗、拌料等6道工序，加入当地的古井水，经过30天的发酵，酿出的醋黏稠醇厚、酸而不烈、回味甘甜。

用传统技艺生产的石磨面粉，使用科学勾槽的石质磨盘，石磨机转速20转/分钟，温度35℃左右，在低速度、低温度的状态下研磨。皮心并重的制粉工艺，使小麦在研磨中的次数大为减少，麦胚的香味及蛋白质、胡萝卜素、碳水化合物、钙、磷、铁、维生素B_1、维生素B_2、膳食纤维等营养物质完全留存，面色泛黄，做成的面食麦香味浓，口感好，有嚼头。

隆德县海拔高，气候冷凉，昼夜温差大，是西北地区道地中药材基地，境内有中药材96科618种，黄芪、秦艽、党参等药用成分含量高、品质优，黄芪是抗衰老、增强肌体免疫功能和降压的上等好药，在当地储量大。

山灵水秀，人勤地饶，隆德美食，不可错过。暖锅，是隆德人时光流年里一道温暖的记忆，更是一种不可或缺的舌尖美味。暖锅以白萝卜切片，多种豆制品、蔬菜、蘑菇、肉类等为配料，再用新鲜的五花肉盖面，浇入上好的高汤，最后撒上红辣椒丝和葱丝，弥漫的香气，唤醒你挑剔的味蕾。味从煮中来，香自火中生。来到隆德，如果不吃一次暖锅，那你这趟旅程一定会留下缺憾。

隆德，镌刻着深厚的历史痕迹，承载着中华民族走好新的长征路的伟大梦想。她展现给你的一处处美景、一道道美食、一件件美物，都有着千年古县的文化烙印。

千年古县，已等你千年!

红色圣地·多彩西吉

西吉，是一片红色的热土，中国工农红军曾三过单家集，毛泽东主席夜宿这里，留下了中国共产党团结群众、依靠群众的红色佳话——“单家集夜话”。这里是“中国马铃薯之乡”，这里是中国首个“文学之乡”，这里是“华夏钱币收藏第一县”。辉煌而沧桑的历史为这块土地积蓄了巨大能量。

西吉硝河苏沟梯田 摄影/马德

得天独厚的地理位置、自然资源赠予了西吉物华天宝，厚重的人文历史赋予了西吉钟灵毓秀。曾经“苦瘠甲天下”，如今青山滴翠，山川竞秀，文化底蕴根植泥土，人民生活幸福安康。

走进西吉，宛若走进一个五彩斑斓的奇妙世界。火石寨丹霞地貌群，赤壁丹峰造型独特，鬼斧神工，雄浑壮美；震湖水天一色，宛若苍天一滴泪，镶嵌在黄土塬上，是亚洲第一、世界第二的地震堰塞湖遗址；月亮山连绵起伏，青山滴翠，映照着生态变革；葫芦河一水长流，润泽着自然底色。这里是多彩西吉。

“中国最美休闲乡村”龙王坝村，拥有“金牌农家乐”。乡村文化旅游示范点——王民堡田园旅游小镇，乡村民宿错落有致，怡人心境。沿着盘山公路一路向西便来到了龙王坝村。从山顶向下看，梯田、窑洞等被大山环抱。随处可见古朴的农家大院以及大红灯笼、石磨、碾子等原生态物件。这里不仅有独具特色的民俗、别有韵味的田园生活，更能让人在温暖的阳光里，在旱塬上的风里，品尝最地道的西吉味道。

这里的绿色，是“希望”的绿色。农民们悉心照料着茁壮成长的蔬菜，它们散发着诱人的清香；黄土高坡上的“金蛋蛋”享受着葫芦河水的滋养，在泥土里悄悄长大；满山坡的玉米苗，挺拔而生，露珠从叶尖滑落，映着绿色，好看到极致。山坡上、梯田里、旱塬上……绿色是这片大地最朴实的底色。人们耕耘劳作，把希望的种子埋在土里，期待着沉甸甸的收获。

西吉地处六盘山西麓，这里气温低，雨量少，光照强，无污染，是宁夏十大优质无公害农产品基地。这里种植的马铃薯，个大、皮薄、肉嫩，品质优良。冬日里，走进老乡的家里，吃口热乎乎的烤马铃薯，暖彻心扉。西吉被定为“宁夏十大优质无公害农产品基地”。西吉县被命名为“中国马铃薯之乡”，马铃薯也成为农民致富的“金蛋蛋”。

小秋杂粮

小米全程模拟生态农业，施有机富硒肥料，小米煮粥黏糯芳香，口感油润。莜麦粉、荞麦粉又称粗粮面粉，淀粉、纤维素、无机盐，以及B族维生素含量丰富。扁豆经过人工培土、锄草、秋收，经自然晾晒后入库，产品通过了中国绿色食品发展协会的A级绿色产品认证。

亚麻籽油

亚麻油中的必需脂肪酸亚麻酸含量达50%以上，远远高于深海鱼油的5%和核桃、松子的6%~12%，堪称“陆地鱼油”。亚麻酸具有增强智力、记忆力、逻辑思维能力和保护视力的功能。其香味浓郁、清雅、让人有食欲。

西吉马铃薯

西吉马铃薯，是全国农产品地理标志。西吉县境内气候温和，雨量较少，光照充足，无霜期短，降水和温度变率大，适宜种植马铃薯。西吉马铃薯芽眼较浅，薯型规则，表皮光滑，红皮黄肉，适宜鲜食菜用。煮食时，香味四溢，口感香而滑润，风味独特。

西吉西芹 摄影/李金山

西吉西芹，是国家农产品地理标志产品，有生长速度快、产量高、抗病性强、抽苔晚、分枝少等优点，叶柄实心，黄绿色，腹沟浅，柔嫩多汁，粗纤维极少，光泽脆嫩，生食及炒、腌等口感好。

西吉手工粉条 摄影/李光荣

西吉县是"中国马铃薯之乡"，产的洋芋蛋人们爱吃，手工制作的粉条更受群众喜爱，是当地人必备的看家菜。西吉手工粉条在当地被亲切地称为"红军粉"，见证着红军和老百姓的鱼水情。

西吉手工粉条，有一个很特别的名字——“红军粉”。中国工农红军第25军在单家集驻扎时，把南方制作粉条的技术传授给当地老百姓，为了纪念红军，这里的人便把制作出来的粉条亲切地称为“红军粉”。把马铃薯搅碎，用石头磨磨面、沉淀、过勺、水煮、晾晒……经过近12道工序后，透亮、光滑的粉条就被制作了出来。西吉纯手工粉条筋道、美味，深受消费者青睐。

独特的错峰种植模式，科学的覆膜压沙技术，无公害的优良品质，让西吉西芹皮薄、纤少、肉嫩、味鲜、色亮、口感好、有芳香气味、营养丰富，堪称菜中佳品，深受市场青睐。西吉西芹已走出大山，走向全国，是国家农产品地理标志产品。

说西吉特产，一定少不了冷凉蔬菜。红的西红柿、胡萝卜，绿的菜心、芥蓝，不仅供应我国南方市场，还出口到新加坡等东南亚地区。“中国马铃薯之乡”“中国西芹之乡”正在黄土塬上书写着现代农业的新传奇。

小秋杂粮是这里的主要特色产品。这里生长季节光热资源充足，土壤肥力适中，气候冷凉，非常适合种植高品质的小杂粮，小杂粮富含多种维生素，营养价值高，既是传统口粮，又是现代保健食品，非常适合大众食用。

西吉县把“绿色”和“富民”完美结合，让经济发展和生态保护并举双促，真正形成“生态优先、绿色发展”，把“绿水青山”转化为“金山银山”，坚定不移地做好绿水青山的“守护者”，守护好可持续发展的自然底色，为“富民”“惠民”注入不竭动力。

岁月流转，沧海桑田。电视剧《山海情》里那个“苦甲天下”的海吉县就是以曾经的西吉县为原型，如今的西吉县，早已旧貌换新颜，取而代之的是绿水青山，沃野千里。

这里是一幅山水画，是一首田园诗，是一首四季歌，一个避暑胜地，需要您认真欣赏，用心品味，才能遇见心中的诗与远方。

锦绣山川，如歌如画，红色胜地，多彩西吉。

山水泾源·康养福地

泾源素有“秦风咽喉、关陇要地”之称。这里山奇峰峻，风光旖旎，景色秀美，钟灵毓秀，万千溪流从群山环抱中涌现，汇流成河，穿行于崇山峻岭之间，蜿蜒交错，绘就成一幅绝美的山水画卷，造就了黄土高原上的“绿色明珠”。

泾源风光

泾源县位于六盘山东麓，是宁夏的南大门，属温带半湿润区，因泾河发源于此而得名，是国家级重点生态功能区，“全国十佳生态旅游城市”。

“宁夏有泾源，胜似下江南。”沿着福银高速公路前往六盘山腹地，一路青山连绵，绿水环绕，草木葳蕤，燥热在这里失去了威力，清爽成为泾源的代名词。泾渭分明，一清一浊。泾源因泾河发源地而得名，泾河流经宁、甘、陕三省（区）32个县市（区），一路奔流不息，滋润沃野，浸润心田。

沐浴在红色历史的阳光下，触摸上下五千年文明延续的脉络，感受先辈争取光明、战天斗地的英雄气概，启迪智慧与力量。这片诗与远方交融的热土，孕育出独具魅力的“花儿”、粗犷飒爽的“踏脚”、精妙的“剪纸”等民俗文化，出产了黄牛、虹鳟鱼、蜜蜂、黑果花楸、刺五加等优质的农特产。

泾源县所有的秀丽与丰美，得之于“一山一水”。六盘山，这座胜利之山，用她博大的胸怀，涵养着黄河重要的支流源水——泾河！泾河源头的水清澈甘冽，可以直接饮用。16条大小河流、343条涓涓小溪，每年向泾河注入2.4亿立方米II级清水，哺育着宁夏东南部、甘肃陇东、陕西关中等地区640万人，连接两岸32个县市（区）人民的情感。

优良的生态孕育出丰富的动植物资源，鸟类新发现经常刷新着西北的新纪录，毛冠鹿、马鹿等珍稀动物不断从生态通道来此繁衍生息，金钱豹更是把这里当成了家，这里成了它们全国分布密度最大的栖息地。

从4月到10月，泾源植物相继开花吐蕊，六盘山特有的椴树、车前子、黄芪、柴胡等药材，他方开罢我登场。两万七千群中华蜂在泾源花间忙碌着，遍采六盘山百花粉，噙来泾河甜水，酿成纯天然的“泾源蜂蜜”。泾源蜂蜜果糖、葡萄糖含量高，滋味甜润，口感绵软细腻，具有蜜源植物特有的花香味，是全国地理标志保护的农产品。

六月夏花绚烂，一树一树的花，在森林间绽放。河溪畔的花，田野里的花，开成了花的海洋。13.33平方千米黑果花楸怒放生命，结出会变色的果子，一束束绿“豆豆”，秋成酱红，冬为乌黑。这神奇的黑果，可榨汁，可酿酒，所含多酚、类黄酮、花青素是已知植物果实中含量最高的，对高血压、心脏病等心脑血管疾病具有良好保健效果。

魅力泾源

泾源县境内百泉汇流，千山披翠，国家级自然保护区达646.67平方千米，是西北重要的生态屏障和水源涵养地，被誉为黄土高原上的“绿色明珠”。

泾源黑果花楸

黑果花楸是集食用、药用、园林和生态等价值于一身的珍贵树种。果实中花青素、黄酮、多酚是已知植物中含量最高的，还含有多种维生素和矿物质元素等物质。果实可用于加工果汁、果酒、果酱、罐头、果脯等食品和饮品。

泾源蒸鸡

特色蒸鸡就取材于当地山水滋养的土生土长的黄皮公鸡，加上当地产的葱、姜、花椒粉、咸盐等调料，加入当地特产菜籽油并搅拌均匀腌制。然后把土豆切成丁加入葱花、菜籽油拌匀，最后将其放入蒸笼中蒸制。

泾源油菜花

在固原泾源县，金黄的油菜花田宛如大自然铺就的金色地毯。微风拂过，油菜花轻轻摇曳，似金色的海浪层层叠叠，美不胜收。置身其中，浓郁的花香扑鼻而来，令人心旷神怡。阳光洒下，每一朵油菜花都闪耀着璀璨的光芒，仿佛在诉说着春天的喜悦。

夏日的泾源盛装出彩，青山含黛，绿水欢笑。最高温不过26℃的三伏天，每立方空气中含有8000个氧离子，每年空气优良天数率达99.8%，济公曾在这里的延龄寺修炼，成吉思汗曾在这里的凉殿峡屯兵避暑。这里是避暑胜地，康养福地，常有人来了就不想回去，一待就是三两个月，成了山水泾源的忠诚“粉丝”——越夏客。他们最爱涮泾源黄牛肉火锅，偶尔赴一场九碗十三花的盛宴。

呼吸富氧空气、喝着矿泉水、吃着中药材野草配制的草料，泾源黄牛健康茁壮成长，是全国地理标志保护农产品。瘦肉多、脂肪少、肉质鲜嫩、富有弹性，是泾源黄牛肉的特质，是“最泾源”的味蕾记忆。来泾源旅游，不吃顿泾源牛肉火锅，等于没来泾源。

无数水滴从六盘山岩层和草甸里渗出，涓涓成溪，成就了大河的磅礴，养育了一种独特的冷水鱼。泾源虹鳟鱼，只有在水温7~20℃的活水里才能存活。由于生长缓慢，泾源虹鳟鱼肉质细嫩瓷实，无细刺，无腥味，味极鲜美。不用任何佐料，一锅泾河水，一把盐，便能烹出原汁原味的清蒸虹鳟鱼。

云在峡谷蒸腾着它的梦幻，水在河里奔涌着它的壮志，好山好水养育着它的好物。泾源林下的田园土鸡是自由自在的，它们在林间啄食着自己最爱吃的野草和虫子，用带着泥土香的品质造就了朴实而又尊贵的泾源美味。做一盘软糯香滑的泾源蒸鸡，再配上刺五加、蕨菜等山野小菜，这才是泾源人款待尊贵客人的拿手好菜。

山水泾源，康养福地!前来泾源深呼吸，开启味蕾之旅，体悟生活真谛，一切都将妙不可言！

泾源虹鳟鱼

泾河源头，水质纯净优良，达到天然矿泉水标准，水温适中又自由流动，孕育着一种名贵的鱼种——虹鳟鱼。该鱼种为高寒鱼类，只能在7~20℃以下的水温中生长。虹鳟鱼肉质非常鲜美，因肉肥骨刺少、鲜嫩可口、营养价值高而名扬在外，成为泾源这块青山绿水孕育的又一名贵特产。

宁草之苑·泾源黄牛肉

好山好水好牛肉。六盘山气候湿润，是大自然赋予西北干旱地区的绿色瑰宝，孕育了丰富的动植物资源。六盘山下的泾源是宁夏优质肉牛养殖示范县，这里空气清幽，水草肥美。宁草之苑·泾源黄牛肉是被授权使用“泾源黄牛肉”地理标志的企业之一，其黄牛肉肉质鲜嫩、瘦肉多、脂肪少，牛肉呈樱桃红色，脂肪呈乳白色，肉表面有一层薄膜，富有弹性。

山水田园·锦绣彭阳

从巍峨的六盘山一路向东，穿过一片山川相连的土地。大自然的鬼斧神工，在这里雕刻出了层峦叠嶂、沟壑纵横的景观，时光的犁铧经年累月地耕作，翻卷起道道沧桑的岁月留痕，亘古变迁中，不断书写着激越动人的华彩乐章。这就是彭阳！

彭阳梯田 供图/VCG

来到彭阳，如同在时光长廊里旅行，触碰到中华民族的灿烂历史，感悟这片土地的悠久文化。

▶▶▶

彭阳县境内的高山湖泊——朝那湫，诞生了中华民族的神话史诗，留下了秦皇汉武挥鞭西北的足迹。2017年，考古工作者在彭阳县新集乡姚河塬，触碰到了商周王朝西北角的历史脉搏——这里出土的甲骨文，是3000年前的先祖留给我们的家书，也让彭阳逐渐向我们展现出了更加清晰的商周时期的西北历史。

新时代的彭阳人继续书写着从秃山荒塬到绿水青山的历史长歌。春天走进彭阳，漫山遍野的杏花桃花，形成了“山上层层桃杏花，云间烟火是人家”的美丽景观。金鸡坪赏梯田花海、长城塬访十里桃花、茹河瀑布看飞花流水，特别是每年的山花节，彭阳的百万亩山花会向海内外的游客发出春天的邀请，这里的春天充满了花的故事与芬芳。

彭阳人用汗水浇灌出了绿水青山，绿水青山回馈给了彭阳人五彩绚烂的丰富物产。

彭阳的春天，赏花品蜜是关键词。彭阳的近2万箱勤劳的中华蜜蜂，把山野花、药材花、桃花、杏花酿成了金色的百花蜜，形成了“金色甜蜜产业”。走进养蜂人的家里，游客可亲自动手体验采集蜂蜜，在体验式旅游中感受甜蜜的滋味。

春天赏花，夏天品杏，当你7月来到彭阳，会看到一片红色的“杏”福景象：杏子笑红了脸蛋，醇香迎风飘来，这就是彭阳特色产业的味道。彭阳的土壤含有大量的钾元素，因此这里的杏子富含钾元素，有“彭阳杏子钾天下”的美称。

一颗鲜杏子真正可以被享用的期限只有一周时间，为了保存红梅杏的鲜香，彭阳县通过蜜饯加工的方式，延长杏子的享用期限。红梅杏干最大程度保留了红梅杏的口感及营养，原汁原味、酸甜可口;杏脯则将彭阳土蜂蜜与杏子的酸甜口感进行了恰到好处的融合，组成了养生减肥的黄金搭档。今天，彭阳红梅杏已成为国家地理标志保护产品。

金秋十月，彭阳县的五谷杂粮把层层叠叠的梯田装扮成了一望无垠的橙黄色。黄澄澄的谷子涌动着金色的波浪，来彭阳欣赏着风吹稻谷千重浪的丰收美景，在乡村游中感受农耕文化的精髓吧。而用谷子酿造的黄酒也是彭阳的名优特产。考古发现，彭阳县用小米酿造黄酒的历史已有3000年。走进农家小院，品一口彭阳黄酒，你会对这片土地敞开心扉。

彭阳朝那鸡

朝那鸡被列入国家级地方畜禽遗传资源保护目录，也是自治区五个地方优良畜禽品种之一。朝那鸡适应性强、耐粗饲、易放牧，白天放养山间林地，采食青草、昆虫，夜间补给玉米等原粮即可。其肉质鲜嫩，营养丰富，风味佳，深受消费者喜爱。

燕面糅糅

燕面糅糅即莜麦面，是磨好的面用热开水和成面团，揉匀后取适量填塞在专门加工燕面糅糅的器具内，挤压成圆的细条状，放在笼屉内用旺火蒸熟，吃时配以韭菜、蒜苗丝、辣椒油、蒜泥、醋汁等，口感柔韧筋道。

彭阳云雾山果脯

果脯是将鲜果去核、晒干后制成的。经糖渍后，再经干燥而成，成品表面不黏不燥，有透明感，无糖霜析出。果脯蜜饯营养丰富，含有大量的葡萄糖、果糖，酸甜可口，色、香、味俱全，保持了鲜果的天然色泽和营养成分。

彭阳红梅杏 摄影/张民

彭阳红梅杏，中国国家地理标志产品。果实外形近似圆形，果皮阳面呈红色，阴面呈黄色，果肉细腻多汁，酸甜可口。彭阳县境内分为北部黄土丘陵区、中部河谷残塬区和西南部土石质山区三个自然类型区，海拔1248~2418米，适宜种植红梅杏。

彭阳北国蜜语

北国蜜语蜂场分布于固原市六盘山以及栖凤山脉等深山无污染区，拥有无可比拟的生态优势，确保了纯净、稳定的蜜源。蜂场严格遵循蜜蜂的生存活动规律，把控取蜜周期，限制单次采量，以保持蜂蜜的最高营养价值，实现蜂蜜生产的科学、高效和可持续发展。

彭阳县在秦汉时期被称为朝那县。东汉后期，朝那湫边诞生了中华民族的针灸鼻祖皇甫谧。博大精深的中华医学孕育了彭阳悠久的中草药历史。早在南北朝、隋唐时期，彭阳就有引种、栽培黄芪的史料记载，至今已有1500年的种植史。据宁夏药品检验所检测，彭阳黄芪甲苷含量为0.063%，毛蕊异黄酮葡萄糖苷含量达0.072%以上，其有效成分含量远高于《中国药典》标准。目前彭阳县黄芪、党参、板蓝根等中药材种植面积突破120平方千米，成为香港、亳州等地的药材生产基地。

彭阳的本土黑乌鸡也因朝那县而得名。这种鸡保持着原始的天性，在林子里天然长成。朝那鸡鸡肉纹理清晰，肉质细嫩，与彭阳的黄芪等道地中药材一起烹饪，是让你舌尖难忘的美味。

对这片土地的挚爱，使得彭阳人萌发了就地取材的艺术创作灵感，一段平淡无奇的树根，在民间艺人的细心雕琢下，幻化成飞鸟走兽、演变成今古传奇。就连碾作尘泥的麦秆，都能在乡土艺术家的手中，历经漂白、质化、裁剪、粘贴等生命历程，蝶变为令人惊叹的艺术品；农家的刺绣是农家妇女对土地的感悟、对乡土艺术人生的不懈追求；剪纸艺术是一代一代民间艺人对岁月的精心雕琢，是对默默无闻、滋养了生命的黄土地的艺术表达。这些非物质文化遗产，是传承千年的艺术瑰宝。

来到彭阳，如同在时光长廊里旅行，触碰到中华民族的灿烂历史，感悟这片土地的悠久文化。今天，彭阳县已经打造了一个个性鲜明的人文旅游生态圈，生态彭阳的故事等待您解读，绿色彭阳等待您共享。

宁夏有个杏花盛开的地方，这个地方叫彭阳。

第五章 中卫市

沙漠水城　云天中卫

中卫，一座沙漠水城，让世界读了上千年。大漠共鸣，黄河共舞，布局出现代经济的版图。一半江南，一半大漠，实现了南方与北方的对接。

“大漠孤烟直，长河落日圆。”唐代诗人王维的诗句，曾经倾倒了无数的文人骚客，也令无数的后来者心驰神往和苦苦追寻。怒吼的黄河在这里温柔地守望，拥抱着大漠、亲吻着蓝天。

“天下黄河富宁夏，首富中卫。”黄河自黑山峡进入宁夏中卫，九曲八折，一路奔腾而下。其中，从黑山峡至沙坡头的60多千米流程中，两岸山峰峭立，河道波诡浪谲，既有惊心动魄的急流险滩，又有赏心悦目的长峡幽谷，移步换景，使人目不暇接。

首批国家5A级旅游景区沙坡头，被中外旅游专家誉为“世界垄断性旅游资源”。沙坡头集大漠、黄河、高山、绿洲为一处，具西北风光之雄奇，兼江南景色之秀美。这里有中国最大的天然滑沙场，有横跨黄河的“天下黄河第一索”，有作为黄河文化代表的古老水车，有黄河上最古老的运输工具羊皮筏子，有沙漠中难得一见的海市蜃楼。在这里，可以骑骆驼穿越腾格里沙漠，可以乘坐越野车沙海冲浪，咫尺之间可以领略大漠孤烟、长河落日的奇观。

沙漠星星酒店，坐落在沙坡头旅游景区内，以五角星形状规划设计，从高空俯瞰，犹如一颗颗星星散落在大漠深处。当夜幕降临，在星星酒店、星星故乡露营地、金沙海火车旅馆定制一次浪漫的晚餐共度良宵。在漫天繁星之下，开启“躺在床上数星星”的度假模式，体验大漠、黄河、星空与酒店在此同框，头枕沙漠，仰望星河。在这里可以感受到，星星酒店不只是酒店，更是大漠、星空和人的一个空间组合，它们共同创造出这独特的美景。

中卫沙坡头旅游区

丰富独特的旅游资源，悠久厚重的历史文化，享誉世界的治沙成果，使得沙坡头在中国乃至世界旅游界有着独特的地位，成了全球人与自然和谐的典范。

如果说黄河北岸是大漠，那么黄河南岸就是绿洲，这里居住着世代繁衍的黄河子民，聚合成一个个村落。如今，这些被千年黄河环抱的古老村庄也在发生着巨变，变身为著名的网红打卡地，这里聚集了多家特色民宿，成为黄河岸边第一个宿集。黄河两岸，一个个古老的村落，正焕发无穷生机。

从防沙治沙到沙漠旅游，人与沙在中卫找到了和谐共处的关系。过去的茫茫黄沙戈壁，如今，正变成创新发展的热土。2013年，中卫与北京中关村牵手，启动建设西部云基地。如今，这里已建成亚马逊、中国移动、中国联通等6个大型和超大型数据中心——奇虎360、浪潮、美团等200多家知名互联网及云计算大数据企业相继落户中卫。

大云西移、风光无限，在宁夏建设黄河流域生态保护和高质量发展先行区过程中，作为与深圳、杭州并列的中国三大“互联网直辖市”之一、全国一体化大数据中心，国际枢纽节点，中卫市开创出属于自己的云时代。

“黄河之籽中宁枸杞，药食同源道地珍品。”枸杞喜盐碱，宁夏中宁地区的土壤碱性重，再加上昼夜温差大，这里就成了枸杞生长的天堂。明清时期，中宁枸杞是“国朝岁贡”。如今，中宁枸杞“红”动中国走向世界。在国家公布的63种药食同源名单中，中宁枸杞名列榜首，也是入选国家首批道地中药材认证的唯一枸杞品种。中宁枸杞为世界点亮了一抹红。

扬黄灌区富硒土壤分布广阔，让这里的农产品都有了硒元素的加持。富硒苹果果实大，果面平整，色泽艳丽，肉质密、口感脆、汁液多，因此家喻户晓。中卫建成有机苹果基地和绿色食品苹果生产基地，打造出了“沙坡头苹果”品牌。

中卫市培育形成了枸杞、蔬菜、牛奶、小杂粮等特色富民产业，打造了中宁枸杞、海原小杂粮等优质农产品品牌，以辣椒、西红柿、茄子、黄瓜等为主的设施蔬菜通过了无公害农产品认证和产地认定，培育了“沙坡头蔬菜”品牌。

中卫之美，美在沙水和谐、浑然天成，黄河文化、丝路文化、边塞文化、星空文化亘古千年，和谐共荣，呈现出一幅多元、开放、和谐的美丽画卷。

中卫是一个向人而生的城市，无论是大自然的魅力，还是文化的内涵，都在关照现代人的需求。最关键的是让每一个热爱生活的人在这里都能找到自己心灵的归宿。

乘风破浪伸壮志，艰苦卓绝见毅力，古老又年轻的中卫迎着世界的目光，让闻者向往，来者依恋，居者自豪。

踏遍山河，中卫值得！

黄河中卫段

中卫市景区推荐

5A	沙坡头旅游景区
4A	腾格里沙漠湿地·金沙岛旅游区 寺口子风景旅游区
3A	腾格里金沙海旅游度假区 中卫高庙旅游区 沙坡头水镇商业文化旅游区 香山湖国家湿地公园 中宁枸杞中医康养文化中心 中宁县天湖国家湿地公园 中宁县玺赞生态枸杞庄园 华宝枸杞健康体验馆 黄羊古落 海原县天都山景区

星星故乡·沙漠水城

这里有黄河宁夏第一湾；这里是星星故乡、“塞上江南”；这里是因沙而名、因水而兴的城市——中卫市沙坡头区。

中卫鼓楼　摄影/石文轩

坐落在中卫市中心的鼓楼，是中卫市的标志性建筑。它沉淀着历史的色彩，和现代文明相映成趣，四周闪烁不停的霓虹灯，似五彩花环拥抱着鼓楼，是一幅现代和历史文化交织的美丽风景。

每一座城市都有独属于自己的生命气质，让人感觉很微妙，身处城市之中，看车来车往，睹市井小巷，又心系它的大漠星空、长河落日，其实快乐就是这么简单。勇敢做自己，放肆地笑、大声地喊，把生活的信念朝向自己。让那在城市中饱受压抑的灵魂在沙漠黄河间不羁而肆意地放松，享野沙坡头。

沙坡头区是沿黄城市带上的一颗璀璨明珠，环境优美、物产富饶、产业发达、开放包容、活力四射，享有“全国民族团结进步示范区”“国家全域旅游示范区”“国家卫生城市”“国家园林城市”“全国现代农业综合示范区”“全国农村一二三产业融合发展先导区”等殊荣。

沙坡头区是古老又鲜活的城市里的一隅。黄河在这里拐了一个270°的大弯，于是，沙漠上孕育出一片绿洲。这里有天然滑沙场“沙坡鸣钟”；有总长820米、横跨黄河的飞索；有黄河文化的代表——古老的水车；有世界第一条成功横穿沙漠的铁路——包兰铁路；还有黄河上最古老的交通运输工具羊皮筏子。在这里，可以骑骆驼遨游沙海，可以乘坐越野车沙海冲浪，还可以仰望绝色星河，观览黄河落日。

沙坡头的黄河宿集，聚集了多家品牌民宿，有西坡中卫、大乐之野、墟里和飞茑集等等，每一家都是好评如潮的“网红”民宿。作为常乐镇大湾村的新“村落”，黄河宿集早已在各大网络平台走红，是宁夏炙手可热的热门旅游地、网红打卡地。

对岸就是广袤无垠的腾格里沙漠，南岸中卫、西坡中卫、大乐之野、墟里和飞茑集5家品牌组成的宿集好像一棵树的五朵花，每一朵都非常美，但趣味不尽相同。这里有一望无际的沙漠、群山，有壮阔的黄河，还有千年的长城。多种地貌营造出一种荒凉大气之美，有一种摄人心魄的壮丽。

沙漠星星酒店宛如一座清心释然的天仙居所，从银河于九天而落。有人说沙漠星星酒店一定是世界上最孤独的酒店，因为即便是在45.99平方千米的沙漠东南角，距离城市的灯火也有几十千米之遥。

皮影戏

中卫人称皮影戏为“牛皮灯影子戏”，旧时曾在中卫、中宁、海原一带流行，颇负盛名。中卫皮影戏班多以家族经营，或与人搭班组台。每当夏收或秋收后，走村串巷，进行演出，或在庙会期间演出，遇到婚丧嫁娶也会应邀前往演出。

中卫手工毯制作技艺

著名的中卫山羊和滩羊，所产的绒毛纤维细而柔软，质地优良，是制作高级绒线的佳品。好毛出好线，好线出好毯。得天独厚的羊毛资源为中卫地毯添上异彩。观赏中卫仿古地毯，就像看到一幅色彩绝妙的立体山水画。

中卫烙画

一块普通的木板、一个小小的葫芦或是一张薄薄的宣纸，配上一把电烙铁及一双灵巧的手，就诞生出一幅幅精美的烙画。烙画又称烫画，一幅烙画要经过挑选材质、构思设计、勾画底稿、初步烙画、反复渲染、清理装饰等多道精细加工程序方能完成。

中卫沙石画

沙石画是利用中国画水墨技艺加以渲染辅以沙画为背景，配以黄河石、戈壁石、贺兰山石的天然特征，结合画作内容进行搭材，用叠造技艺生动再现人物、花卉、飞鸟以及生活场景等，成就精美的画作。

宁夏红枸杞酒

“宁夏红”采用“中国枸杞之乡”原产地中宁枸杞鲜果精酿而成，最大限度地保留了枸杞鲜果的色、香、味，使它的营养和保健功能得以充分发挥，达到绿色食品标准。

中卫烩小吃

中卫烩小吃可是宁夏一道传统著名小吃，这道菜里包含豆腐、面筋、丸子、粉条，还有当地的特色菜夹板子等多种小菜，是来中卫都不能不吃的一道美食。

中卫驴肉

中卫驴肉选材新鲜，做得入味，配菜也很棒。来中卫，一定别错过这道美食，这是一道可以享受满满乡村味，令人大快朵颐的美食。

沙坡头藜麦粥

将藜麦仔细淘洗干净，配上荷叶、薄荷及粽叶精心熬制半小时左右，藜麦特有的坚果香或人参香，与配料的清香在空气中共舞，呈现淡淡浅绿的粥碗挑动着每一位食客的味蕾。

上图 **沙坡头旱苹果**

沙坡头苹果，获得全国农产品地理标志。沙坡头区靠近沙漠，属半干旱气候，具有典型的大陆性季风气候和沙漠气候的特点。春暖迟、秋凉早、夏热短、冬寒长，风大沙多，干旱少雨，全年日照时数3006小时，适宜种植苹果。沙坡头苹果，果实大，形状呈圆形或长圆形，肉质密、口感脆、汁液多，果实耐储性好。

下图 **拓老七软梨子汁**

在中卫市，“拓老七”广为人知。拓老七是一个品牌，也是一个人名。拓老七将软梨子做成软梨汁，打破了时空限制，实现了产品向商品的转换，受到了市场的欢迎。中卫人将仅在冬季吃软梨子的习惯改变为一年四季喝软梨汁，无论是聚餐喝酒还是馈赠亲友，“拓老七”软梨汁都是备受青睐的佳品。

冬日沙坡头景观

冬日的沙坡头，是一幅宁静而神秘的画卷。广袤的沙漠被一层薄薄的雪覆盖，宛如银装素裹的梦幻世界。北风掠过，扬起的雪花如烟如雾。金色的沙丘与洁白的雪相互映衬，形成独特的景观。黄河在这片寒冷中流淌，显得更加清澈，宛如一条晶莹的玉带蜿蜒于天地之间。远处的贺兰山轮廓清晰，在冬日的晴空下更显雄伟。沙坡头的冬日，没有了夏日的热闹，却多了一份清冷的诗意，让人沉浸在这寂静而又美丽的冰雪天地之中。

沙漠星星酒店建设在沙坡头北区大漠，酒店以五角星形状设计，并配合五角星的特点，利用沙漠中星光的主题，将建筑特性引入室内，以沙坡头民族草编作为室内点缀，交织光影效果。酒店内以空间和时间相互交错共融的立体感官布局，充斥着富有自然联想的画面感，利用沙漠、黄河与星空之间难能可贵的地域关系，加上因地制宜的功能设计，完美地呈现出酒店的产品特色。

来沙坡头，就要品尝宁夏红枸杞酒。枸杞酒成功地保存了枸杞最精华的成分，以枸杞为原料，加工制作成方便、安全、营养健康的日常饮用、调理佳品，与传统枸杞浸泡酒相比，无论口感、色泽，还是营养保健功效，枸杞鲜果发酵酒都有一个质的飞跃。枸杞酒采用枸杞鲜果精酿而成，最大限度地保留了枸杞鲜果的色、香、味，使它的营养和保健功能得以充分发挥，达到绿色食品标准。

来沙坡头，一定要漂羊皮筏子。羊皮筏子，俗称排子，由十几个气鼓鼓的山羊皮“浑脱”组成，要经过选羊、褪皮、脱毛、灌油灌盐、吹气、扎口、暴晒等十余道工序制作而成。早年用于运输，随着现代交通工具的普及，“羊皮筏子”的运输作用日益减弱，现在已成为沙坡头黄河旅游观光的一大亮点，是黄河文化的重要组成部分、古代劳动人民的智慧结晶，同时也是宁夏中卫市的非物质文化遗产。

沙坡头特产主要有南长滩软梨子、南长滩大枣等。南长滩软梨子又名软儿梨、香水梨、消梨，种植历史悠久，属于中卫南长滩三宝之一。据《中卫县志》记载，明朝弘治年间梨树在中卫就有栽培，历史不下六百年。南长滩软梨子果实近圆形，平均果重125克左右。鲜梨黄中带绿，青中泛红，果皮较厚，若藏至冬季冻成黑色冰球，融化后果肉则成一包香水，食用时撕破表皮，吸吮果肉，其味如甘露。

南长滩大枣栽培历史悠久，清朝乾隆年间，时任中卫知县的黄恩锡在其《中卫竹枝词》中写道：“亲串相遗各用情，年年果实喜秋成。永康酒枣连瓶送，蒸枣枣园夙擅名。”真实地描绘了200多年前卫宁平原栽培枣树以及枣果加工的繁荣景象。

在沙坡头，哪怕能有一刻，能让你忘记繁忙、回归纯粹，时光就会变得慢一些。惬意的生活，或独行、或陪伴，找到属于你的本心。

桂花香扁豆子面

扁豆子面作为中卫地标性特色面食，其历史悠久、营养丰富、口味独特，富有西北乡土气息。因为扁豆子自身具有特殊的香味，所以不要添加其他多余的调料，只需简单放入其他配菜与适量的盐，等待煮沸，一碗色泽深红、筋道爽滑的扁豆子面就出锅了。

富硒金银花

金银花是著名的药用花卉，它的花、叶、藤、种子均可入药。沙坡头区永康镇高家水黄家大梁，已从硒砂瓜种植成功转型为中药材金银花种植、品种繁育基地，生产高品质富硒“砂地金银花”。

中华杞乡·康养中宁

中宁是位于宁夏中部的一座历史古城。早在公元前114年的西汉时期，这里就设立了眴卷县，成为古丝绸之路的重要节点。

中宁鲜果枸杞

中宁头茬枸杞可谓是累积了半年的养分，头茬枸杞是历经了三个月冬歇、三个月春生之后，结出的第一茬果实，个大、肉厚、发育最为充分，具有很高的营养价值，备受消费者的青睐。

古往今来，无数文人墨客挥洒诗句，用自己的方式描绘着对中宁这片土地的印象。“大漠孤烟直，长河落日圆”“翠色涵波千株绿，塞上星渠似江南”“天然屏障却风寒，依山傍水地气暖”等诗句，道出中宁水乡之秀丽、塞外之壮美。

中国枸杞看宁夏，宁夏枸杞看中宁。真正让中宁名扬四海的，是这一粒粒小小的红色精灵——枸杞。天下黄河富宁夏，中宁枸杞甲天下。中宁不仅是世界枸杞的发源地和正宗原产地，还是国务院命名的“中国枸杞之乡”。

作为国家地理标志保护产品，中宁枸杞以独特的药食同源属性，成为全球瞩目的滋补佳品。在这里，每年有14万吨枸杞走向世界。

从东汉张仲景到明代李时珍，都在自己的医学著作中对中宁枸杞的功效等有着详细的记述。《本草纲目》中，把中宁枸杞列为本经上品，称“全国入药杞子，皆宁产也”。也就是说，只有正宗的中宁枸杞，才是地道的入药枸杞，才是真正的药食同源。

在明朝弘治年间，中宁枸杞（本名宁安枸杞）就被列为皇家贡品。清乾隆年间宁夏《银川小志》评注称赞了宁安枸杞，文曰：“枸杞，宁安堡产者极佳，红大肉厚，家家种植。”书籍记载、诗句传诵，使中宁枸杞从历史的长河中走来，直至今日，依然被人们所认可和推崇。

中宁枸杞好，是因为一方水土的滋养。穿境而过的黄河和清水河一起为中宁带来了富含矿物质的肥沃土壤和水源，全年日照充足，昼夜温差大，光照资源丰富，从而有利于枸杞果实营养成分的积累。

几百年的传承，枸杞早已融入中宁人的血脉深处，成为割舍不断的情愫。中宁人善种枸杞，更善食枸杞。对于中宁人来讲，保温杯里泡枸杞，只是最初级的食用方式。枸杞宴，是中宁饮食的另一大特色，所有菜品都是以枸杞为原材料，每一道菜都匠心独具，色香味养俱全。

从简单的早点到丰富的晚宴，枸杞贯穿中宁人一天甚至一生的食谱。

玺赞生态枸杞

开发种植新品种枸杞6.67平方千米，发展成为宁夏乃至全国名列前茅、独具优势的标准化枸杞庄园生产基地。玺赞生态枸杞庄园走枸杞优势特色产业与文化旅游相互带动发展的路子，开展枸杞庄园休闲观光体验和健康养生旅游。

枸杞口红

枸杞口红是当地跨界推出的美妆单品，也是市面上首款以枸杞命名的口红。柔雾亚光质地，配方中特添加多种植物精粹，如白池花籽油、枸杞果提取物，一抹即滋养水嫩红唇。

◀◀◀

枸杞原浆，只选取中宁枸杞鲜果，手工采摘后，进行清洗、破壁、灌装，全部工序都是在6小时内完成，不添加水、色素和防腐剂，充分保证了枸杞鲜果养分不流失。现代科技的加入，让中宁枸杞开启了提质增效之路，除了枸杞干果以外，枸杞原浆、枸杞酒等越来越多枸杞制品开始走进消费者的生活。中宁还打造了枸杞产业工业旅游样板间和“枸杞+旅游”文化产业融合发展示范点——“茨乡里”中宁枸杞精品旅游项目，积极推广枸杞康养旅游产品，带动枸杞文化、枸杞养生产业发展，培育枸杞康养旅游业态。

“康养中宁”不是徒有虚名，而是生活在中宁与来过中宁的人对这座城市的真情流露，仅饮食便足以印证。中宁人饮食考究，美食不仅在味道上堪称一绝，更在康养方面独树一帜。

“长脖子雁，扯红线，一扯扯到中宁县，中宁的丫头会擀面，擀的面薄扇扇，切的面细线线，下到锅里嘟噜噜转，舀到碗里一根线……”这首流传于宁夏中宁的民歌，是人们对于中宁味道的最初印象，这就是被列入国家级非物质文化遗产名录的中宁蒿子面。蒿子面历史悠久，因其营养价值丰富、风味独特、口感爽滑筋道被人们所喜爱，在民间又被称为“长寿面”“喜面”“贵宾面”等，寓意美好，是常年在外的游子以及往来中宁的游客，记忆深处最温暖、最幸福的味道。

中宁最知名的地方美味当数“清炖土鸡”，选用散养在枣园的生态土鸡，以油、盐、大葱、蒜、干辣椒、姜、枸杞、料酒、酱油、大料作为辅料放入锅中大火烹饪后文火慢炖，待出锅前加入面筋、粉条和平菇等配菜，增香又提味，营养又滋补。烹制出的鸡肉酥而不柴、香而不腻，吃完肉再来上一碗鸡汤，更是从身到心的满足。这一味道甚至成为食客们无法带走的“念想”。

中宁味道不仅有中宁美食坐镇，更有细腻鲜甜的金丝圆枣、绿色有机的枸杞芽茶等作为代表，积蓄能量发挥优势，吸引着游客纷至沓来。

绿水青山带笑颜，枸杞园里说丰年。来杞乡中宁，赏美景、品美食、购好物，在杞乡相遇！

早康枸杞原浆

早康公司拥有0.67平方千米的枸杞基地，生产出来的枸杞原浆，是通过专用的技术，经过严格筛选制作的。从采摘到成品，没有超过24小时，通过超低温以及生物活性技术，保留枸杞的最大营养，不添加防腐剂，是纯正的原浆。

上图 **中宁鸡血面**

中宁鸡血面，独具特色。以新鲜鸡血和面，面条筋道。汤鲜味美，佐以精心调制的调料，香气扑鼻。其营养丰富，具有补血功效。无论是作为正餐还是小吃，中宁鸡血面都以独特风味深受食客喜爱。

下图 **中宁四大碗**

中宁四大碗，又叫中宁四喜碗，是宁夏中宁的特色美食。这道美食历史悠久，相传源于唐开元年间。其用料讲究，制作精细，口味清淡，汤汁鲜美，营养丰富，是当地婚丧嫁娶时招待宾客的招牌菜，

中宁酸萝卜炖羊脖

中宁酸萝卜炖羊脖，精选优质羊脖肉，以独特烹饪手法精心炖煮。肉质鲜嫩，入口即化。汤汁浓郁，香气四溢。其富含营养，滋补养身。中宁酸萝卜炖羊脖是中宁特色美食的代表，深受当地人和游客喜爱，品尝一口，让您唇齿留香，回味无穷。

中宁蒿子面

蒿子面是中宁县民间特色风味小吃，至今流传了360多年。蒿子面清爽可口，余味悠长，制作工艺独特，用料考究。在农村逢年过节、遇到喜庆大事的日子，来贵客远宾，都喜欢吃一顿蒿子面。外地客人吃了中宁的蒿子面也是赞不绝口。

中宁枣园清炖土鸡

精选新鲜的当地产土鸡清洁剁块后，放入锅中用大火烹饪。其间，加入秘制料包、葱、姜、蒜等辅料，小火炖煮4小时，之后加入面筋、粉条和平菇，文火慢炖，最后撒上一把香菜调色又提味，营养又滋补。

海原县 [22]

花儿之乡·古韵海原

海原的美，山峦灵秀，壮美雄浑；海原的奇，清奇峻茂，古迹林立；海原的韵，高亢婉转，绰约多姿。

海原南华山

海原县南华山，系六盘山余脉，不仅是黄土高原西部的重要绿岛，也是宁夏中部干旱带的绿色生态安全屏障。

4000年前这里孕育了菜园文化，从窑洞、灯具鼻祖到西安州古城，都在彰显这片土地的精彩故事。从丝绸古道石窟到金戈铁马的古道遗迹无不吸引着游客惊叹的目光。海原既有璀璨悠久的历史，也有风华正茂的当下。在这里，现实与梦境相遇；在这里，美景与风物相融。

南华山是海原的父亲山，这里山峦叠翠，遗迹丰富。驱车而行，一路上既能看到南华山上的高山草甸、原始森林、丹霞地貌，也能看到鬼斧神工的海原大地震遗存李俊大滑坡、堰塞湖，还能品尝海原农家乐那令人难以忘怀的烟火味道，请诗意地拥抱田园生活吧！

在海原，既可享受动感避暑之旅，也可触摸历史的光环。海原自古就是农耕膏腴之地，盛产的牧草、紫花苜蓿、青贮玉米是养殖高端肉牛的绝佳饲草。海原携手华润集团，引进优质肉牛品种，已打造形成肉牛全产业链体系，成为宁夏最大的高端肉牛供港基地。

海原肉牛肉质松软细嫩，色泽樱红、丝路如雪，清水涮煮，自然嫩滑，清香四溢，极致体现牛肉的自然清香。在海原，育肥的肉牛经过严格的屠宰程序，分割得到特定部位的牛肉，具有较高的附加值，能获得较高利润。华润五丰高端肉牛全产业链精深加工车间分割的高端牛肉，西餐类牛排最高卖到了1838元/千克。

海原面包羊羔肉早在明代就已经进入了宫廷，海原甘盐池滩羊，配上当地品质上乘的小茴香、鸡腿红葱，覆盖面饼，上笼蒸制，因其味美而成为舌尖上的“海原味道”。

南华山里的黑垆土赋予了土豆特有的精气神，厨师们用精湛的刀工技艺，成就了土豆丝“穿针走线”的奇迹，使海原酸辣土豆丝闻名遐迩，成功地入选宁夏非物质文化遗产名菜。这是海原人的家常美味，也是每一个人的人生百味，山的味道、土的味道、阳光的味道，也是时间的味道、人情的味道！

海原香水梨又名冻梨，曾是宫廷贡品，每年白露后，将香水梨从树上摘下，封坛，放于阴冷之处，化成果汁，口味酸甜温润，具有润肺凉心，消炎降火之功效，实属稀世珍品。古老的河谷，百年的梨园，历史、人文、民俗、繁花，带您探寻红色足迹、体验民俗风情、徜徉如雪花海、邂逅甘甜梨汁！

海原黄米黏饭

黄米黏饭是海原人抹不去的记忆，做法独特。黄米由当地旱地种植的糜子碾制而成，黏面可用白面、荞面或者豆面等，风味各不相同。配菜主要以油泼辣子、韭菜肉末、洋芋臊子为主，深受食客喜爱。

海原甜胚子

甜胚子采用海原特有黑垆土生产的油麦子的籽为原料，开水煮熟后，取少量放于器皿中，加入发酵剂后，器皿底部接触于30℃左右的温床之上，三至四天后便可食用，味道清甜，消暑解渴。

上图 **海原羊羔肉**

海原羊羔肉是一种独特的地方风味美食。其特色在于食材采用独特的滩羊品种，又在采用独特的加工方法的基础上，通过爆炒、清蒸等方式进行烹饪，使得失水率低，熟肉率高，肉汁丰富。这样的美味难以用言语描述，只有亲口品尝才能明白，这确是当地待贵宾之佳肴。

下图 **海原白皮面**

白皮面也叫小炒面，是揪面的一种，面和菜分开，上桌后自己烩。用的配料比较简单，但可以随自己的喜好改变。

海原烫面油香辣椒圈

烫面油香是海原人民的传统美食。油香软薄，再裹上调味腌制过的辣椒圈，味道绝对能征服舌尖！

海原香水梨

海原特有的香水梨最早叫老香水，也叫冻梨，有五六百年的历史。梨汁有润肺凉心、消炎降火之功效。香水梨既可在秋收季节食用，也可在冬季解冻后食用。

海原带给你的惊喜不只是香水梨，还有深藏于南华山深处的人间精灵，天然富硒、绿色无污染的西海固特色农产品：海原小米、海原甜瓜、海原供港蔬菜，备受都市白领的追捧。

品味美食之后，一定要去海原非物质文化遗产传承基地参观非遗作品，体验非遗文化。盛唐时，多元文化就在海原这个地方交会融合，历经宋、元、明、清，形成了独具特色的文化底蕴，创建了喜闻乐见的艺术形式——花儿、剪纸、刺绣。具有古朴浓郁民族风情、乡土气息和鲜明特色的花儿艺术是海原的一大亮点，一大批民间花儿歌手唱出宁夏，走向全国。

海原花儿是中华民族非物质文化遗产中一种民间口头文学，一句“花儿”就是一段美好的传说，一首完整的“花儿”演唱就是一段完整的民间故事。“花儿”是丝绸之路沿线所蕴含的非物质文化遗产，并被联合国教科文组织评定为“人类非物质文化遗产代表作”。

海原刺绣艺术集我国四大名绣之长，以针作画，巧夺天工，构思精巧而独特，色泽艳丽而华贵，囊括了中国水墨清新俊逸的优点，加之当地民族文化加持，可与书画艺术媲美争艳。2016年，成功注册了“海原回绣”国家地理商标。

一把剪刀，几张红纸，在她们手中，变幻出线条纤细、富有节奏的艺术形象，或村姑秀女，或飞禽走兽，或花鸟虫鱼。刺绣、剪纸在海原铺就了一条致富的产业路。

海原以“花儿之乡，古韵海原”为主要形象定位，以天都山景区为龙头，打造了西安文旅古镇、河堡河流域梨园风情休闲区、九彩、杨明、李俊民俗游以及特色农家乐等为基础的旅游路线。通过“旅游+”模式，打造了没烟峡古道及盖牌驿站等一批文旅小镇，山门、田拐等一批美丽村庄。

千年历史，百年震柳，沧海横流，曲折壮阔，海原奋力崛起，让这里草绿有魂、海纳百川。

今天，在这片热土上，一代代海原人，用勤劳、汗水和智慧，传承文明、建设家园、振兴乡村，绽放出海原新时代的光彩。

海原刺绣

中卫市海原县民间自古以来就有刺绣的传统，和四大名绣不同，海原的刺绣因融入鲜明的西北文化和少数民族特色而闻名，是一项极具当地特色的民间手工艺。

海原小茴香

海原小茴香，获得全国农产品地理标志。海原小茴香是常用的调料，是烧鱼炖肉、制作卤制食品时的必用之品，因其能除肉中臭气，使之重新添香，故称“茴香”。小茴香的种子是调味品，而它的茎叶部分也具有香气，常被用来作包子、饺子等食品的馅料。

海原小黄米

海原小黄米种植在高寒冷凉地区，蛋白高、脂肪低，富含各种维生素和矿物质。不论是单独食用还是复合食用，都有良好的营养和保健效果。

海原县光热资源充足，土壤肥力适中，气候冷凉，非常适合种植谷子。当地产的谷子具备“天然、绿色、营养、健康”的品类特征，而且口感好，受到越来越多消费者的喜爱，成为私家餐桌上的待客佳品。

海原谷子

海原县光热资源充足，土壤肥力适中，气候冷凉，非常适合种植谷子。当地产的谷子具备“天然、绿色、营养、健康”的品类特征，而且口感好，受到越来越多消费者的喜爱，成为私家餐桌上的待客佳品。

海原小杂粮

海原县土壤环境无污染，空气通透性好，病虫害轻，昼夜温差大，日照充足，所生产的小杂粮品质好。而且，小杂粮营养丰富，既是传统口粮，又是保健食品资源，随着人民生活水平的提高和膳食结构的改善，小杂粮作为新型食品资源，备受市场欢迎。

海原糜子

海原县土壤环境无污染，日照充足，产出的小杂粮具有品质好、农残低等特点。瞄准这一优势，海原县以市场为导向，强化龙头带动，推进糜子等小杂粮生产、加工、销售全产业链发展。糜子籽实叫黍，淡黄色；磨米去皮后称黄米。

▲ 贺兰山云海

后记

走进神奇宁夏　给心灵放个假

宁夏既有舒缓的平原，也有巍峨的高山；既有长河蜿蜒，也有翠湖连天；既有大漠风光，也有水乡风韵。古老的黄河文明，雄浑的大漠风光，构成了多姿多彩的旅游资源。宁夏是中国西部独具特色的旅游目的地，2013年被美国《纽约时报》评为全球46个必去的旅游目的地之一。宁夏是全国第二个全域旅游示范省（区），也是国际旅游目的地。

这里是“贺兰山下果园成，塞北江南旧有名”的鱼米之乡，也是“天高云淡，望断南飞雁，不到长城非好汉”的红色土地。千百年来，“大漠孤烟，长河落日”的绮丽画卷吸引着历代名家和游人的目光。各族人民在这片土地上和睦相处、共同奋斗，绘就了宁夏的大好河山。早在秦代，中华儿女的先人就在黄河两岸修渠引灌、凿饮耕食，形成了著名的引黄灌溉区。宁夏气候清爽宜人，纬度适宜，全年空气优良天数达到320天以上，一年四季皆宜出游。冬无严寒、夏无酷暑，是旅游观光、避暑度假的理想之地。

宁夏是中华远古文明的发祥地之一，也是古丝绸之路东段北线商埠重镇，中原文明同西域文明交融会合地，构筑了各民族共有的精神家园。在这里，沙坡头大漠与长河相拥，水洞沟穿越史前时空，沙湖诠释沙与湖的完美结合，镇北堡影城畅谈梦想奇恋，西夏陵讲述神秘西夏奇事，贺兰山东麓酿造出葡萄美酒的浪漫，诸多“高颜值”美景，多维度展现了宁夏的神奇特质，给您满满的惬意和旅游体验的饱足感。

宁夏在中国革命史上占有重要地位，这里是一片有着光荣革命传统的红色土地。“六盘山上高峰，红旗漫卷西风，今日长缨在手，何时缚住苍龙”，体现了共产党人的豪情壮志。革命理想高于天，不忘初心，走好新的长征路，宁夏红色旅游已经成为新时代开展革命传统教育和爱国主义教育、传承红色基因的重要方式。

大漠山川演绎北国风光，绿洲水泽高歌鱼米之乡，让我们追寻远古的丝路驼铃，享受淳厚的黄河风情，走进神奇宁夏，给心灵放个假。

《这里是宁夏》编委会

策　　划：李光荣
责任编辑：张　璐　高　辰
责任印制：冯冬青
封面设计：闫　洁
封面摄影：VCG

图书在版编目（CIP）数据
　这里是宁夏. ② /《这里是宁夏》编写组编. -- 北京：中国旅游出版社, 2022.11（2024.12 重印）
　ISBN 978-7-5032-7056-7

　Ⅰ. ①这… Ⅱ. ①这… Ⅲ. ①宁夏—概况 Ⅳ. ①K294.3

　中国版本图书馆CIP数据核字（2022）第211064号

书　名：这里是宁夏②

作　　者：《这里是宁夏》编写组 编
出版发行：中国旅游出版社
　　　　（北京静安东里6号 邮编：100028）
　　　　http://www.cttp.net.cn　E-mail:cttp@mct.gov.cn
　　　　营销中心电话：010-57377103，010-57377106
　　　　读者服务部电话：010-57377107
制　　版：银川兴艺丰德传媒有限公司
经　　销：全国各地新华书店
印　　刷：宁夏银报智能印刷科技有限公司
版　　次：2022年11月第1版　2024年12月第2次印刷
开　　本：889毫米×1194毫米 1/16
印　　张：17
字　　数：200千
定　　价：368.00元
I S B N　978-7-5032-7056-7